高校900漢字

편 집 부

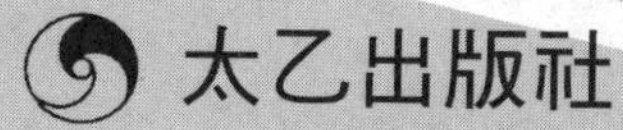

머 리 말

쓰기 학습이란 단순히 그 본문의 지식을 위한 것만은 아닙니다. 그리고 쓰기 학습은 사이버 상품으로 나온 학습기도 많습니다. 써가며 학습하는 것의 주목적은 대개 그곳의 지식을 습득하기 위한 것이겠지만 연습하는 동안 습관이나 심성에 각인되는 무의식 중 인성이 다듬어지는 것입니다. 사실 본제보다 부수적인 것이 인간에게는 중요하지만. '이유없는 반항기' 에 입시문제로 가슴앓이 하고 있는 학생을 곁에서 보노라면 안타까울 때가 한두번이 아닙니다. 그러나 사회에서 요구하는 탁월한 이가 되기 위해서는 불가피한 일이라 치더라도 학과 학습엔 다음의 약간의 휴식도 절대적으로 필요한 것입니다. 그와중에 의지가 강한 사람은 그 휴식을 낙서하는 것으로 머리를 식히고 심신을 정갈하게 합니다. 그렇습니다. 쓰기는 한글이든 한자이든간에 정신을 피곤하게 할만큼 집중할 필요는 결코 없습니다. 제안컨데 본 교본도 낙서의 장(章)으로 가볍게 생각하여 하단의 칸들을 끝까지 쓰려고 애쓰지 말고 자당 한 번만 써가는 정도로 끝 쪽까지 마스터하고 나서 다시 첫 쪽부터 써보는 다독과 다서의 가벼운 노력으로 낙서하듯 해보면 머리가 복잡하지도 않고 독파할 때마다의 적은 성취감을 이 조그마한 교본에서 얻을 수 있다면 주된 학과의 학습에 있어서도 다독의 총기를 얻어 보다 큰 효과를 얻을 수 있을 것으로 확신합니다. 한자는 앞서 말한 것처럼 학과 학습의 효율을 위한 윤활류로 여겨야지 심각하게 대해서는 안됩니다. 이런 다독 · 다서의 묘미를 가슴으로 부터 '아 ! 이것이구나 !' 하고 깨닫게 된다면 다음으로는 학과 공부에 있어 무조건 어느 구간을 머리에 주입하려 것보다 슬슬 놀듯 그 구간의 내용을 문제화 해보는 습관을 갖어야 합니다. 특히 암기 과목에서는 이 방법이 절대적입니다. 처음엔 즐비한 내용들을 다듬어 문제를 만든다는 것이 매우 까다롭고 권태가 쉴틈없이 올 수 있겠지만 어떤 과목을 택해서 한 과목만 마스터 할 끈기가 있다면 그것으로 '저 친구는 맨날 놀면서 성적이 좋단 말이야' 하는 즐거운 눈총을 받을 것이 자명합니다. '한자 이야기 하다가 왠 학습설교? ' 하시는 분이 있다면 이렇게 말하겠어요. '보－너－스' … 라고….

여러분 !

열심히 하세요. 그리고 공부는 즐겁게 하는 것이 성과가 있지, 가슴을 쥐어짜고 심각하게 하는 것은 아니라고 봐요. 이 하찮은 말을 귀담아 들어주는 학습자 여러분의 화이팅과 노력의 성과가 지대하길 기원할께요.

필자드림

한자의 육서

아무리 많은 한자일지라도, 또 그 모양이 아무리 복잡한 것일지라도 그것 모두는「육서(六書)」, 즉 다음 여섯 가지의 방법에 의해 만들어졌다.
여기서 육서(六書)란 상형 · 지사 · 회의 · 형성 · 전주 · 가차문자를 말하는데 그 내용은 다음과 같다.

1. 상형문자(象形文字) : 어떤 사물의 모양을 본떠서 만든 문자.
   • 日은 해(☼), 月은 달(☽)을 본뜬 글자이다.
2. 지사문자(指事文字) : 형상으로 나타낼 수 없는 추상적인 생각이나 뜻을 선이나 점으로 표현한 글자.
   • 上은 위(⊥)를, 下는 아래(⊤)를 뜻함.
3. 회의문자(會意文字) : 이미 있는 둘 이상의 문자를 결합하여 새로운 뜻을 나타내는 문자.
   • 男 : [田+力] → 男은 밭에서 힘쓰는 사람 곧 '사내' 를 뜻하는 문자라는 등을 말함.
4. 형성문자(形聲文字) : 이미 있는 문자를 결합하여 한 쪽은 뜻(형부)을, 한쪽은 음(성부)을 나타내는 문자.
   • 淸 : [氵(水) → 뜻 + 靑(청) → 음] 淸(청)은 氵(水)는 '물' 의 뜻을, 靑은 '청' 이라는 음을 나타내어 '맑을 청' 자가 됨.
5. 전주문자(轉注文字) : 이상 네 가지 문자의 본디 뜻을 바꾸어 새로운 뜻으로 나타내는 문자.
   • 長 : 길다(장) → 어른(장), 惡 : 나쁘다(악) → 미워하다(오)
6. 가차문자(假借文字) : 전주문자는 뜻을 전용했지만 가차는 문자의 음을 빌려 쓰는 방법이다(주로 외래어 표기에 이용된다) .
   • 亞細亞-아세아, 印度-인디아.

일러두기

1. 바른자세

글씨를 예쁘게 쓰고자 하는 마음과 함께 몸가짐을 바르게 해야 아름다운 글씨를 쓸 수 있다. 편안하고 부드러운 자세를 갖고 써야 한다.

① 앉은자세 : 방바닥에 앉은 자세로 쓸 때에는 양 엄지 발가락과 발바닥의 윗 부분을 얕게 포개어 앉고, 배가 책상에 닿지 않도록 한다. 그리고 상체는 앞으로 약간 숙여 눈이 지면에서 30cm 정도 떨어지게 하고, 왼손으로는 종이를 가볍게 누른다.

② 걸터앉은 자세 : 걸상에 앉아 쓸 경우에도 앉을 때 두 다리를 어깨 넓이만큼 뒤로 잡아 당겨 편안한 자세를 취한다.

2. 펜대를 잡는 요령

① 펜대는 펜대끝에서 1cm가량 되게 잡는 것이 알맞다.

② 펜대는 45~60° 만큼 몸쪽으로 기울어지게 잡는다.

③ 집게 손가락과 가운데 손가락, 엄지 손가락 끝으로 펜대를 가볍게 쥐고 양손가락의 손톱 부리께로 펜대를 안에서부터 받쳐 잡고 새끼 손가락을 바닥에 받쳐 준다.

④ 지면에 손목을 굳게 붙이면 손가락 끝 만으로 쓰게 되므로 손가락 끝이나 손목에 의지하지 말고 팔로 쓰는 듯한 느낌으로 쓴다.

펜의 각도

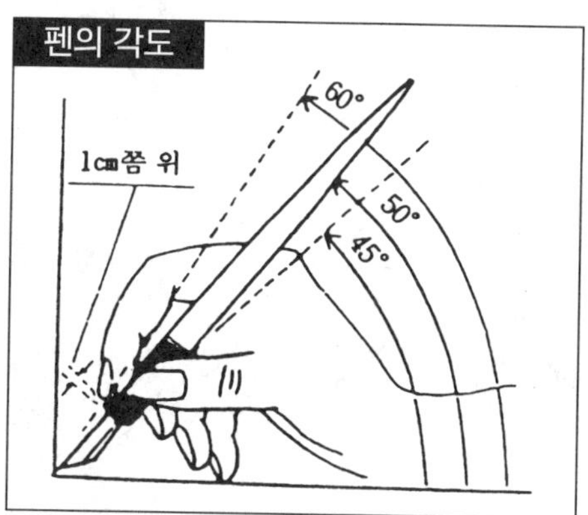

3. 펜촉을 고르는 방법

① 스푼펜 : 사무용에 적합한 펜으로, 끝이 약간 굽은 것이 좋다.(가장 널리 쓰임)

② G 펜 : 펜촉 끝이 뾰족하고 탄력성이 있어 숫자나 로마자를 쓰기에 알맞다.(연습용으로 많이 쓰임)

③ 스쿨펜 : G펜보다 작은데, 가는 글씨 쓰기에 알맞다.

④ 마루펜 : 제도용으로 쓰이며, 특히 선을 긋는 데에 알맞다.

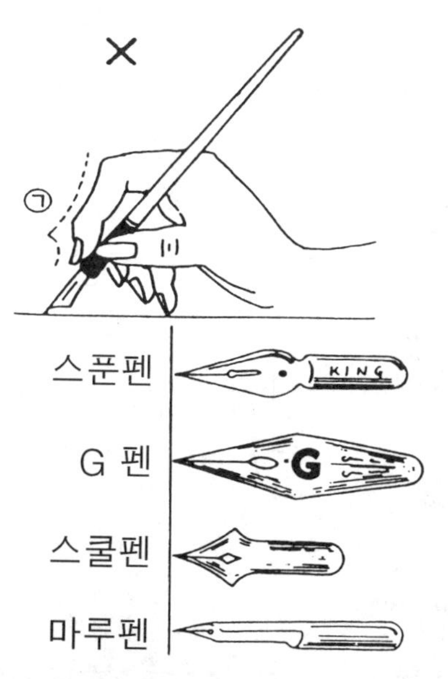

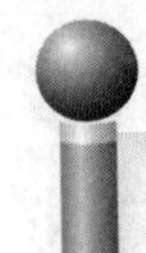

한자의 기본 점 · 획

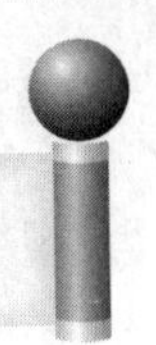

◈ 기본이 되는 점과 획을 충분히 연습한 다음 본문의 글자를 쓰십시오.

上	一	一				一			
工	二	二				二			
王	三	三				三			
少	丿	丿				丿			
大	丿	丿				丿			
女	く	く				く			
人	㇏	㇏				㇏			
寸	亅	亅				亅			
下	丨	丨				丨			
中	丨	丨				丨			
目	㇕	㇕				㇕			
句	㇆	㇆				㇆			
子	㇁	㇁				㇁			

◈ 기본이 되는 점과 획을 충분히 연습한 다음 본문의 글자를 쓰십시오.

京									
永									
小									
火									
千									
江									
無									
起									
建									
近									
成									
毛									
室									
風									

두음법칙 (1)

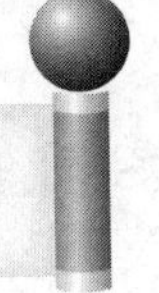

■「ㄴ, ㄹ」의 음이 「ㄴ, ㅇ」으로 발음되는 예

1.「ㄴ」이「ㅇ」으로 발음되는 경우

한자	훈	음	구분	예시
女	계집	녀	여	女子(여자)
			녀	子女(자녀)
年	해	년	연	年度(연도)
			년	少年(소년)
念	생각할	념	염	念願(염원)
			념	紀念(기념)
寧	편안한	녕	영	寧日(영일)
			녕	安寧(안녕)
泥	진흙	니	이	泥田(이전)
			니	狗泥(구니)

2.「ㄹ」이「ㅇ」으로 발음되는 경우

한자	훈	음	구분	예시
掠	노략질할	략	약	掠奪(약탈)
			략	侵掠(침략)
略	간략한	략	약	略圖(약도)
			략	省略(생략)
良	어질	량	양	良心(양심)
			량	不良(불량)
兩	두	량	양	兩國(양국)
			량	千兩(천량)
諒	살필	량	양	諒解(양해)
			량	海諒(해량)
量	헤아릴	량	양	量産(양산)
			량	多量(다량)
糧	양식	량	양	糧食(양식)
			량	食糧(식량)
旅	나그네	려	여	旅行(여행)
			려	行旅(행려)
麗	고울	려	여	麗末(여말)
			려	高麗(고려)
力	힘	력	역	力作(역작)
			력	勞力(노력)
歷	지낼	력	역	歷史(역사)
			력	經歷(경력)
曆	책력	력	역	曆書(역서)
			력	陰曆(음력)
憐	불쌍히여길	련	연	憐憫(연민)
			련	可憐(가련)
戀	사모할	련	연	戀慕(연모)
			련	哀戀(애련)
練	익힐	련	연	練習(연습)
			련	洗練(세련)
鍊	단련할	련	연	鍊武(연무)
			련	老鍊(노련)
連	이를	련	연	連絡(연락)
			련	一連(일련)
聯	잇닿을	련	연	聯合(연합)
			련	關聯(관련)
列	벌일	렬	열	列車(열차)
			렬	一列(일렬)
烈	매울	렬	열	烈女(열녀)
			렬	强烈(강렬)
劣	용렬할	렬	열	劣等(열등)
			렬	拙劣(졸렬)
廉	청렴할	렴	염	廉價(염가)
			렴	低廉(저렴)
令	명령할	령	영	令狀(영장)
			령	發令(발령)
領	거느릴	령	영	領收(영수)
			령	要領(요령)
嶺	재	령	영	嶺東(영동)
			령	峻嶺(준령)
零	떨어질	령	영	零下(영하)
			령	急零(급령)
靈	신령	령	영	靈魂(영혼)
			령	神靈(신령)
禮	예절	례	예	禮節(예절)
			례	缺禮(결례)
例	보기	례	예	例文(예문)
			례	先例(선례)
料	헤아릴	료	요	料金(요금)
			료	材料(재료)
龍	용	룡	용	龍宮(용궁)
			룡	恐龍(공룡)
流	흐를	류	유	流行(유행)
			류	下流(하류)
留	머무를	류	유	留保(유보)
			류	停留(정류)

한자	훈	음	구분	예시
類	무리	류	유	類事(유사)
			류	分類(분류)
柳	버들	류	유	柳枝(유지)
			류	花柳(화류)
六	여섯	륙	육	六法(육법)
			륙	五六(오육)
陸	뭍	륙	육	陸地(육지)
			륙	大陸(대륙)
倫	인륜	륜	윤	倫理(윤리)
			륜	不倫(불륜)
輪	바퀴	륜	윤	輪番(윤번)
			륜	年輪(연륜)
律	음률	률	율	律動(율동)
			률	音律(음률)
隆	성할	륭	융	隆盛(융성)
			륭	興隆(흥륭)
里	마을	리	이	里長(이장)
			리	十里(십리)
理	이치	리	이	理致(이치)
			리	管理(관리)
利	이로울	리	이	利己(이기)
			리	便利(편리)
李	오얏	리	이	李朝(이조)
			리	桃李(도리)
履	밟을	리	이	履歷(이력)
			리	踐履(천리)
離	떠날	리	이	離別(이별)
			리	距離(거리)
隣	이웃	린	인	隣近(인근)
			린	善隣(선린)
林	수풀	림	임	林野(임야)
			림	密林(밀림)
臨	임할	림	임	臨時(임시)
			림	君臨(군림)
立	설	립	입	立法(입법)
			립	設立(설립)

3.「ㄹ」이「ㄴ」으로 발음되는 경우

한자	훈	음	구분	예시
羅	그물	라	나	羅城(나성)
			라	網羅(망라)
落	떨어질	락	낙	落葉(낙엽)
			락	脫落(탈락)
卵	알	란	난	卵子(난자)
			란	産卵(산란)
亂	어지러울	란	난	亂局(난국)
			란	混亂(혼란)
欄	난간	란	난	欄干(난간)
			란	空欄(공란)
蘭	난초	란	난	蘭草(난초)
			란	春蘭(춘란)
覽	볼	람	남	覽觀(남관)
			람	展覽(전람)
濫	넘칠	람	남	濫用(남용)
			람	氾濫(범람)
朗	밝을	랑	낭	朗誦(낭송)
			랑	明朗(명랑)
郞	사내	랑	낭	郞君(낭군)
			랑	新郞(신랑)
來	올	래	내	來日(내일)
			래	去來(거래)
冷	찰	랭	냉	冷凍(냉동)
			랭	急冷(급랭)
老	늙을	로	노	老人(노인)
			로	敬老(경로)
勞	일할	로	노	勞力(노력)
			로	疲勞(피로)
路	길	로	노	路線(노선)
			로	道路(도로)
露	이슬	로	노	露出(노출)
			로	暴露(폭로)
綠	푸를	록	녹	綠末(녹말)
			록	草綠(초록)
錄	기록할	록	녹	錄音(녹음)
			록	記錄(기록)
鹿	사슴	록	녹	鹿角(녹각)
			록	白鹿(백록)
論	논의할	론	논	論理(논리)
			론	結論(결론)
弄	희롱할	롱	농	弄談(농담)
			롱	愚弄(우롱)

漢字의 一般的인 筆順

1 위에서 아래로

위를 먼저 쓰고 아래는 나중에

一 二 三, 一 丅 工

2 왼쪽서 오른쪽으로

왼쪽을 먼저, 오른쪽을 나중에

丿 川 川, 丿 亻 仁 代 代

3 밖에서 안으로

둘러싼 밖을 먼저, 안을 나중에

丨 冂 日 日, 丨 冂 闩 用 田

4 안에서 밖으로

내려긋는 획을 먼저, 삐침을 나중에

亅 小 小, 一 二 亍 示

5 왼쪽 삐침을 먼저

① 左右에 삐침이 있을 경우

亅 小 小, 一 十 土 赤 赤 赤 赤

② 삐침사이에 세로획이 없는 경우

丿 尸 尸 尺, 亠 六 六

6 세로획을 나중을

위에서 아래로 내려긋는 획을 나중에

丨 口 口 中, 丨 冂 日 日 甲

7 가로 꿰뚫는 획은 나중에

가로획을 나중에 쓰는 경우

人 女 女, 乛 了 子

8 오른쪽 위의 점은 나중에

오른쪽 위의 점을 맨 나중에 찍음

一 ナ 大 犬, 一 二 亍 式 式 式

9 책받침은 맨 나중에

一 厂 斤 斤 䜣 近 近

丷 䒑 兰 关 关 送 送 送

10 가로획을 먼저

가로획과 세로획이 교차하는 경우

一 十 十 古 古, 一 十 士 志 志

一 十 支 支, 一 十 土

一 二 丰 未 末, 一 十 卄 廾 共 共

11 세로획을 먼저

① 세로획을 먼저 쓰는 경우

丨 冂 巾 由 由, 丨 冂 闩 用 田

② 둘러쌓여 있지 않는 경우는 가로획을 먼저 쓴다.

一 丅 干 王, 丶 亠 十 キ 主

12 가로획과 왼쪽 삐침

① 가로획을 먼저 쓰는 경우

一 ナ 左 左 左, 一 ナ 才 存 存 在

② 위에서 아래로 삐침을 먼저 쓰는 경우

ノ ナ 才 右 右, ノ ナ 才 有 有 有

♣ 여기에서의 漢字 筆順은 外의 것들도 많지만 대개 一般的으로 널리 쓰여지는 것임.

高校900漢字

필수 高校九百漢字

TAEILL's Work Book

오늘의 명언

♣ 가난과 희망은 어머니와 딸이다. 딸과 사귀고 있노라면 어머니는 어느 틈엔가 잊어버리고 만다.

장 파울 / 독일 소설가

價値	覺悟	簡略	姦淫	肝腸
가치; ① 값. 값어치. ② 욕망을 충족시키는 재화의 중요 정도. 예 가치관(價値觀)	**각오**; ① 앞으로 닥쳐올 일에 대한 마음의 준비. ② 도리를 깨달음. 예 각오비장(覺悟秘藏)	**간략**; ① 간단하고 복잡하지 아니함. ② 긴 문장 따위를 요점만 간단히 함. 예 요점간략(要點簡略)	**간음**; 부부 아닌 남녀가 성적 관계를 맺음. 예 간음범죄(姦淫犯罪)	**간장**; ① 간장과 창자. ② 애가 타서 녹을 듯한 마음을 비유한 말. 예 구곡간장(九曲肝腸)

價	値	覺	悟	簡	略	姦	淫	肝	腸
값 가	값 치	깨달을 각	깨달을 오	간략할 간	간략할 략	간음할 간	음란할 음	간 간	창자 장

價	値	覺	悟	簡	略	姦	淫	肝	腸

必須 고교생이 알아야 할 故事成語(고사성어)

- **苛斂誅求(가렴주구)** 조세 등을 가혹하게 징수하고 물건을 청구하여 국민을 괴롭히는 일.
- **刻骨難忘(각골난망)** 은혜를 마음속 깊이 새겨 잊지 않음.

오늘의 명언

♣ 가난한 사람은 덕행으로, 부자는 선행으로 이름을 떨쳐야 한다.

주베르

懇切	干拓	監督	鑑賞	剛健
간절 : 지성스럽고 절실함. 예 소원간절(所願懇切)	**간척** : 호수나 바닷가에 제방을 쌓아 물을 빼내고 육지나 경작지를 만듦. 예 간척지(干拓地)	**감독** : ① 보살펴 단속함. ② 연극 · 영화 등에서 총괄하는 사람 예 야구감독(野球監督)	**감상** : 예술 작품 따위를 깊이 음미하고 이해함. 예 음악감상(音樂鑑賞)	**강건** : ① 기상이 꿋꿋하고 건전함. ② 필력 · 문체등이 강하고 활달함. 예 강건문체(剛健文體)

懇	切	干	拓	監	督	鑑	賞	剛	健
간절할 간	끊을 절	방패 간	넓힐 척	감독할 감	감독할 독	살필 감	상줄 상	굳셀 강	굳셀 건

懇 切 干 拓 監 督 鑑 賞 剛 健

必須 고교생이 알아야 할 故事成語(고사성어)

- **各樣各色(각양각색)** 서로 다른 여러 가지 모양, 가지 각색을 이르는 말.
- **角者無齒(각자무치)** 뿔이 있는 자는 이가 없다라는 뜻으로 한 사람이 모든 재주나 복을 함께 누리지 못함을 이르는 말.

필수 高校九百漢字

TAEILL's Work Book

오늘의 명언

♣ 가는 자는 쫓지 말지며, 오는 자는 막지 말라.

맹자

康寧	概念	距離	乞糧	檢索
강녕 : 몸이 건강하고 마음이 편안함. 예 건강안녕(健康安寧)	**개념** : 여러 관념 속에서 공통 요소를 뽑아내어 종합한 하나의 관념. 예 개념판단(概念判斷)	**거리** : ① 두 곳 사이의 떨어진 정도. ② 두 점을 연결하는 직선의 길이. 예 거리간격(距離間隔)	**걸량** : 남의 광구나 구덩이의 버력탕에서 사금 따위를 채취하여 조금씩 돈을 버는 일.	**검색** : 책이나 컴퓨터 따위에서 필요한 자료를 찾아 내는 일. 예 자료검색(資料檢索)

康	寧	概	念	距	離	乞	糧	檢	索
편안할 강	편안할 녕	대개 개	생각 념	떨어질 거	떠날 리	구걸 걸	양식 량	검사할 검	찾을 색

康 寧 概 念 距 離 乞 糧 檢 索

必須 고교생이 알아야 할 故事成語(고사성어)

- **刻舟求劍(각주구검)** 판단력이 둔하여 세상일에 어둡고 어리석음을 이르는 말.
- **看雲步月(간운보월)** 달밤에 구름을 바라보며 거닐다는 뜻으로, 객지에서 집 생각이 간절함을 이름.

필수 高校九百漢字

TAEILL's Work Book

오늘의 명언

♣ 가시나무를 심는 자는 장미를 기대해서는 안된다.

필페이

激讚	擊沈	肩骨	牽制	絹織
격찬 : 어떤 일 따위의좋은 결과나 아름다운 품행을 대단히 칭찬함. 예 작품격찬(作品激讚)	**격침** : 적의 배를 쳐서 침몰시킴. 예 선박격침(船舶擊沈)	**견골** : 「견갑골」의 준말. 척추동물의 어깨 뒤쪽에 있는 어깨뼈. 예 좌우견골(左右肩骨)	**견제** : 끌어당겨 자유로운 행동을 하지 못하게 억누름. 예 견제세력(牽制勢力)	**견직** : 「견직물」의 준말. 명주실로 짠 피륙의 총칭. 예 견직의류(絹織衣類)

激	讚	擊	沈	肩	骨	牽	制	絹	織
격렬할 격	기릴 찬	칠 격	잠길 침	어깨 견	뼈 골	끌 견	지을 제	비단 견	짤 직

必須 고교생이 알아야 할 故事成語(고사성어)

- **敢不生心(감불생심)** 힘이 부치어 감히 생각도 못 함을 이르는 말.
- **甘言利說(감언이설)** 남에게 비위를 맞혀 달콤한 말과 이로운 조건을 거짓으로 붙여 꾀는 말.

필수 高校九百漢字

TAEILL's Work Book

오늘의 명언

♣ 가시에 찔리지 않고서는 장미꽃을 모을 수가 없다.

필페이

缺陷	兼職	頃刻	傾斜	硬軟
결함: 부족하거나 불완전하여 흠이 되는 부분. 결점. 예 성격결함(性格缺陷)	**겸직**: ① 직무를 겸함. 또는 그 직무. ② 겸임한 관직. 예 겸임겸직(兼任兼職)	**경각**: 극히 짧은 시간. 눈 깜박하는 사이. 예 생명경각(生命頃刻)	**경사**: ① 비스듬히 기울어짐. 또는 그 정도. ② 지층면과 수평면의 서로 빗나간 정도.	**경연**: ① 단단함과 부드러움. ② 굳음과 무름. 예 강약경연(强弱硬軟)

缺	陷	兼	職	頃	刻	傾	斜	硬	軟
이즈러질 결	빠질 함	겸할 겸	벼슬 직	잠깐 경	새길 각	기울 경	비낄 사	굳을 경	연할 연

缺 陷 兼 職 頃 刻 傾 斜 硬 軟

必須 고교생이 알아야 할 故事成語(고사성어)

- 改過遷善(개과천선) 과거 잘못된 점을 뉘우쳐서 고치어 착하게 됨.
- 蓋世之才(개세지재) 세상을 수월히 다스릴 만한 뛰어난 재기(才氣)를 이르는 말.

필수 高校九百漢字

TAEILL's Work Book

오늘의 명언

♣ 가장 깊은 감정은 항상 침묵속에 있다.

토머스 무어

經緯	卿宰	徑遞	警護	桂冠
경위 : ① 직물의 날과 씨. ②「경위선」의 준말. ③ 일이 진행되어 온 과정. 예 사건경위(事件經緯)	**경재** : 재상(宰相). 왕을 도와 모든 관원을 지휘 감독하는 이품 이상의 벼슬, 지금의 수상격.	**경체** : 벼슬의 임기가 끝나기 전에 다른 벼슬로 갈려 함.	**경호** : 어떤 중요 인사 따위를 경계하고 보호함. 예 경호임무(警護任務)	**계관** :「월계관」의 준말. 고대 그리스에서 경기의 우승자에게 씌워 주던 관.

經	緯	卿	宰	徑	遞	警	護	桂	冠
경서 경	씨 위	벼슬 경	재상 재	지름길 경	우편 체	경계할 경	보호할 호	계수나무 계	갓 관

必須 고교생이 알아야 할 故事成語(고사성어)

- **居安思危(거안사위)** 편안할 때에도 앞으로 닥쳐올지 모를 위태로운 일을 생각하여 항상 경계하고 조심한다는 말.
- **乾坤一擲(건곤일척)** 운명과 흥망을 걸고 한 판으로 승부나 성패를 겨룸을 이르는 말.

필수 高校九百漢字

TAEILL's Work Book

오늘의 명언

♣ 가장 깊은 진리는 가장 깊은 사랑에 의해서만 열린다.

하인리히 하이네 / 독일 시인

階級	計器	繫留	啓蒙	繼續
계급: 지위 · 관직, 신분 · 재산 따위의 등급이나 비슷한 인간들로 형성되는 집단.	**계기**: 길이 · 면적 · 무게 · 양 · 온도 · 시간 · 강도 따위를 재는 기구의 총칭.	**계류**: ① 밧줄 등으로 매놓음. ② 사건이 해결되지 않고 걸려 있음. 예 계류사건(繫留事件)	**계몽**: 지식 수준이 낮거나 전통적인 인습에 젖어있는 사람을 가르쳐서 깨우침. 비 계명(啓明)	**계속**: 끊이지 않고 늘 잇대어 나아감. 예 사업계속(事業繼續)

階	級	計	器	繫	留	啓	蒙	繼	續
섬돌 계	등급 급	셈할 계	그릇 기	맬 계	머무를 류	열 계	어릴 몽	이을 계	이을 속

階 級 計 器 繫 留 啓 蒙 繼 續

必須 고교생이 알아야 할 故事成語(고사성어)

- **隔世之感(격세지감)** 그리 오래 되지 않은 동안에 진보나 변화가 심하여 딴 세대(世代)처럼 몹시 달라진 느낌을 이르는 말.
- **牽强附會(견강부회)** 이론이나 이유등을 자기 쪽이 유리하도록 끌어붙임을 이르는 말.

필수 高校九百漢字

TAEILL's Work Book

오늘의 명언

♣ 가장 높은 곳에 올라가려면, 가장 낮은 곳부터 시작하라.

푸블릴리우스 시루스

契約	係員	枯淡	顧慮	鼓舞
계약 : 일정한 법률적 효과를 발생시킬 목적으로 하는 쌍방간의 의사 합치에 의해 성립하는 약정.	**계원** : 한 계(係)에서 업무를 보는 직원. 예 담당계원(擔當係員)	**고담** : 서화난 문장 · 인품 등이 속되지 않고 아취가 있음.	**고려** : ① 다시 돌이켜 생각함. ② 앞일을 걱정함. 예 재고고려(再考顧慮)	**고무** :북을 치며 춤을 춘다는 뜻으로 격려하며 기세를 돋움. 예 격려고무(激勵鼓舞)

契	約	係	員	枯	淡	顧	慮	鼓	舞
맺을 계	맺을 약	맬 계	인원 원	마를 고	묽을 담	돌아볼 고	생각할 려	북 고	춤출 무

契	約	係	員	枯	淡	顧	慮	鼓	舞

必須 고교생이 알아야 할 故事成語(고사성어)

- 見利思義(견리사의) 눈앞에 이익이 보일 때만 의리를 생각하는 것을 말함.
- 犬馬之勞(견마지로) 나라에 충성을 다해 애쓰는 노력을 이르는 말.
- 見物生心(견물생심) 물건을 보고 욕심이 생김을 이르는 말.

오늘의 명언

♣ 가장 부유한 사람은 절약가이고 가장 가난한 사람은 수전노이다.

상포르

孤寂	恭謙	恐龍	孔孟	貢獻
고적 : 외롭고 쓸쓸함. 한적하고 을씨년스러움. 예 일상고적(日常孤寂)	**공겸** : 삼가하는 태도로 겸손하게 자기를 낮춤. 예 공손겸양(恭遜謙讓)	**공룡** : 중생대 쥬라기에서 백악기에 번성하였던 거대한 파충류의 총칭. 예 공룡공포(恐龍恐怖)	**공맹** : 공자와 맹자. 예 공맹지도(孔孟之道)	**공헌** : ① 힘을 써서 이바지함. ② 공물을 조정이나 상부에 상납함. 예 사회공헌(社會貢獻)

孤	寂	恭	謙	恐	龍	孔	孟	貢	獻
외로울 고	고요할 적	공손할 공	겸손할 겸	두려울 공	용 룡	구멍 공	만 맹	바칠 공	드릴 헌

孤	寂	恭	謙	恐	龍	孔	孟	貢	獻

必須 고교생이 알아야 할 故事成語(고사성어)

- **見危授命(견위수명)** 재물이나 나라가 위태로울 때 목숨을 아끼지 않고 나라를 위하여 싸움을 이르는 말.
- **犬兎之爭(견토지쟁)** 개와 토끼의 싸움을 뜻한 말로 양자의 싸움에 제삼자가 힘들이지 않고 이득을 봄.(비) 어부지리 (漁父之利)

오늘의 명언

♣ 가장 훌륭한 기술, 가장 배우기 어려운 기술은 세상을 살아가는 기술이다.

메이시

寡默	誇張	貫祿	慣習	寬裕
과묵 : 사람이 말이 적고 침착함. 예 과묵성격(寡默性格)	**과장** : 사실보다 지나치게 부풀려 말하거나 그렇게 표현함. 예 표현과장(表現誇張)	**관록** : 온갖 경험으로 몸에 갖추어진 위엄이나 권위. 예 관록발휘(貫祿發揮)	**관습** : 예로부터 지켜 내려와 일반적으로 인정되고 습관화되어 온 규범이나 생활방식.	**관유** : 마음이 너그러움. 대개 윗사람의 온유하고 자애로움.

寡	默	誇	張	貫	祿	慣	習	寬	裕
적을 과	잠잠할 묵	자랑할 과	베풀 장	관 관	녹봉 록	익숙할 관	익힐 습	관용 관	넉넉할 유

必須 고교생이 알아야 할 故事成語(고사성어)

- **結者解之(결자해지)** 맺은 사람이 푼다는 말로 자기가 저지른 일은 자기가 해결한다는 뜻.
- **結草報恩(결초보은)** 죽어서 혼령이 되어도 그 은혜를 잊지 않고 갚는다는 말.

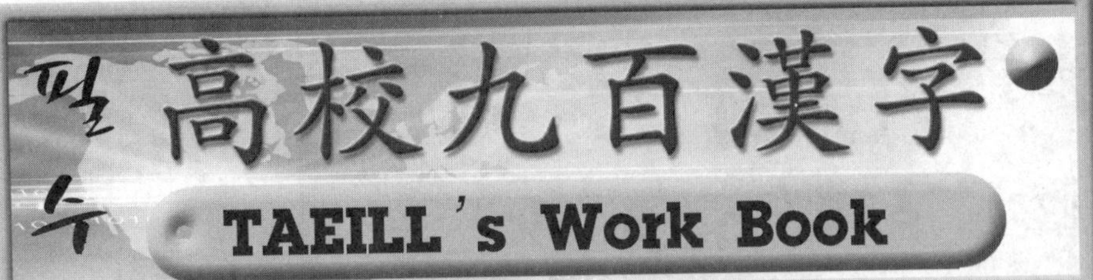

오늘의 명언

♣ 가정과 가정 생활의 안전과 향상이 문명의 중요 목적이요, 산업의 궁극적 목적이다.

C.W.엘리어

館儒	管掌	狂奔	光輝	掛鐘
관유 : 조선시대, 성균관에서 기숙하던 유생.	**관장** : 어떤 일이나 행사 따위를 맡아서 주관함. 예 사무관장(事務管掌)	**광분** : ① 미친 듯이 날뜀. ② 어떤 목적을 이루기 위해 분주히 뛰어다님. 예 광분발광(狂奔發狂)	**광휘** : 환하고 아름답게 빛남. 또는 그 빛.	**괘종** : 벽이나 기둥에 걸게 된 시계. 「괘종시계」의 준말. 예 괘종시계(掛鐘時計)

館	儒	管	掌	狂	奔	光	輝	掛	鐘
집 관	선비 유	대롱 관	손바닥 장	미칠 광	분주할 분	빛 광	빛날 휘	걸 괘	쇠북 종

必須 고교생이 알아야 할 故事成語(고사성어)

- 謙讓之德(겸양지덕) 겸손하고 사양하는 아름다운 덕성을 이르는 말.
- 輕擧妄動(경거망동) 경솔하고 망녕된 행동을 이르는 말.
- 經國濟世(경국제세) 나라를 잘 다스려 도탄에 빠진 백성을 구제함을 이르는 말.

필수 高校九百漢字

TAEILL's Work Book

오늘의 명언

♣ 가정은 나의 대지이다. 나는 거기서 나의 정신적인 영양을 섭취하고 있다.

펄 벅 / 미국 작가

怪疾	塊炭	矯導	橋梁	郊祀
괴질 : 병의 원인을 알 수 없는 괴상한 병. 예 괴질만연(怪疾蔓衍)	**괴탄** : 덩이로 된 석탄. 역청탄 · 토탄 · 갈탄 · 흑탄 · 무연탄의 덩이.	**교도** : 교정직 국가 공무원 직급 명칭의 하나. 교사(矯士)의 아래로 9급 공무원임.	**교량** : 강이나 개천, 언덕과 언덕 사이 등에 통행 할 수 있게 걸쳐 놓은 다리의 시설.	**교사** : 옛날 한양(서울) 백 리 밖에서 지내던 제사.

怪	疾	塊	炭	矯	導	橋	梁	郊	祀
괴이할 괴	병 질	흙덩이 괴	숯 탄	바로잡을 교	이끌 도	다리 교	들보 량	들 교	제사 사

怪	疾	塊	炭	矯	導	橋	梁	郊	祀

必須 고교생이 알아야 할 故事成語(고사성어)

- **經國之才(경국지재)** 나라의 일을 경륜할 만한 재주란 뜻으로 그런 재주를 가진 사람을 이르는 말.
- **敬而遠之(경이원지)** 겉으로는 공경하는 척하나 속으로는 멀리함. 존경하기는 하되 가까이하지 아니함. (준) 敬遠(경원)

필수 高校九百漢字

TAEILL's Work Book

오늘의 명언

♣ 가정이여, 그대는 도덕의 학교이다.

J.H.페스탈로치

巧拙	球團	丘陵	俱沒	拘束
교졸 : ① 교묘함과 졸렬함. ② 익숙함과 서투름.	**구단** : 직업 야구 · 축구 따위의 구기 운동 등을 사업으로 하는 단체. 예 야구구단(野球球團)	**구릉** : 언덕. 땅이 비탈지고 조금 높은 언덕을 일컫는 말. (대개 높이 300m 미만의 언덕)	**구몰** : 부모가 다 세상을 떠남. 반 구존(俱存)	**구속** : ① 체포하여 신체를 속박함. ② 자유행동을 제한 또는 정지시킴. 예 자유구속(自由拘束)

巧	拙	球	團	丘	陵	俱	沒	拘	束
공교할 교	옹졸할 졸	구슬 구	둥글 단	언덕 구	언덕 릉	함께 구	빠질 몰	잡을 구	묶을 속

巧 拙 球 團 丘 陵 俱 沒 拘 束

必須 고교생이 알아야 할 故事成語(고사성어)

- **經天緯地(경천위지)** 천하를 경륜하여 온전히 다스림을 뜻한 말.
- **鷄口牛後(계구우후)** 닭의 부리와 소의 꼬리라는 말로, 큰 단체의 꼴찌보다는 작은 단체의 우두머리가 되라는 뜻.

오늘의 명언

♣ 값진 성과를 얻으려면 한걸음 한걸음이 힘차고 충실하지 않으면 안된다.

단테

狗肉	苟且	區廳	驅逐	群像
구육 : ① 개고기. ② 성질이 검질기고 악된 사람을 비유함.	**구차** : ① 가난함. ② 형편 · 처지 · 변명따위가 군색스럽고 구구함. 예 구차변명(苟且辨明)	**구청** : 한 구의 행정을 맡아 사무 · 관리를 총괄하는 관청. 예 구청직원(區廳職員)	**구축** : 안좋은 사고 · 풍조 · 습관 따위를 몰아 쫓아냄. 예 사치구축(奢侈驅逐)	**군상** : ① 떼를 지어 모여 있는 많은 사람들. ② 그림 · 조각 따위에서 많은 인물상이 표현된 것.

狗	肉	苟	且	區	廳	驅	逐	群	像
개 구	고기 육	구차할 구	또 차	구역 구	관청 청	몰 구	쫓을 축	무리 군	형상 상

必須 고교생이 알아야 할 故事成語(고사성어)

- **鷄卵有骨(계란유골)** 달걀에도 뼈가 있다는 뜻으로, 공교롭게 일이 방해됨을 이르는 말.
- **季布一諾(계포일락)** 절대적으로 신뢰할 수 있는 승락이란 뜻으로 한 번 승락하면 반드시 실행함의 비유하는 말.

필수 高校九百漢字
TAEILL's Work Book

오늘의 명언

♣ 강도는 당신의 돈이나 생명의 어느 하나를 요구한다. 그러나 여자는 그 양쪽을 요구한다.

버클리

窮塞	弓矢	宮殿	厥者	軌跡
궁색 : 가세가 아주 가난함. (곤궁한 형편이나 기색 따위의 한자표기는 '窮色'으로 씀)	**궁시** : 활과 화살.	**궁전** : 궁궐. 임금이 거처하는 큰 집. 대궐(大闕). 금중(禁中).	**궐자** : 「그 사람」 또는 「그」를 홀대하여 이르는 말.	**궤적** : ① 수레바퀴가 지나간 자국. ② 선인의 행적. 예 선인궤적(先人軌跡)

窮	塞	弓	矢	宮	殿	厥	者	軌	跡
궁할 궁	막을 색	활 궁	화살 시	궁궐 궁	대궐 전	그 궐	놈 자	굴대 궤	발자취 적

窮	塞	弓	矢	宮	殿	厥	者	軌	跡

必須 고교생이 알아야 할 故事成語(고사성어)

- **孤軍奮鬪(고군분투)** 약한 힘으로 누구의 도움도 없이 힘에 겨운 일을 해나감을 이르는 말.
- **孤掌難鳴(고장난명)** 「왼손뼉이 우랴」라는 뜻으로, 혼자 힘으로는 일이 잘 안됨을 비유하는 말.

필수 高校九百漢字
TAEILL's Work Book

오늘의 명언

♣ 강을 거슬러 헤엄치는 자가 강물의 세기를 안다.

윌슨

鬼哭	規格	龜裂	菌核	均衡
귀곡 : 귀신의 음산한 울음. 또는 그 소리. 예 귀곡산장(鬼哭山莊)	**규격** : 공업 제품 따위의 치수·모양·성능·품질 등의 일정한 표준. 예 규격제품(規格製品)	**균열** : 거북의 등딱지 무늬 모양으로 갈라져서 터짐. 예 균열방지(龜裂防止)	**균핵** : ① 균사가 식물의 꽃·열매·뿌리 등에 소밀하게 집합해서 덩이가 된 것. ② 병균의 핵.	**균형** : 어느 한쪽으로도 치우침이 없이 쭉 고름. 예 자세균형(姿勢均衡)

鬼	哭	規	格	龜	裂	菌	核	均	衡
귀신 귀	울 곡	법 규	법식 격	떠질 균	찢을 렬	버섯 균	씨 핵	고를 균	저울 형

鬼哭規格龜裂菌核均衡

必須 고교생이 알아야 할 故事成語(고사성어)

- **苦盡甘來(고진감래)** 쓴 것이 다하면 단 것이 온다는 고사로써 곧 고생이 끝나면 영화가 온다는 말. (반) 興盡悲來(흥진비래)
- **曲學阿世(곡학아세)** 正道(정도)를 벗어난 학문으로 세상의 속물들에게 아부함을 이르는 말.

필수 高校九百漢字

TAEILL's Work Book

오늘의 명언

♣ 강한 사람이란 가장 훌륭하게 고독을 견디어 내는 사람이다.

쉴러

勤儉	僅少	斤數	謹愼	金帛
근검 : ① 부지런하고 검소함. ② 부지런한 자세와 검소한 마음. 예 근검절약(勤儉節約)	**근소** : 아주 적어서 얼마 되지 않음. 예 차이근소(差異僅少)	**근수** : 어떤 사물이나 물건 따위를 저울로 단 무게의 수. 예 중량근수(重量斤數)	**근신** : ① 말이나 행동을 조심함. ② 벌로 일정 기간 등교·출근등을 금하는 일. 예 근신처분(謹愼處分)	**금백** : 조선 시대 때 충청 감사의 별칭.

勤	儉	僅	少	斤	數	謹	愼	錦	伯
부지런할 근	검소할 검	겨우 근	적을 소	근 근	셀 수	삼가할 근	삼갈 신	비단 금	맏 백

勤	儉	僅	少	斤	數	謹	愼	錦	伯

必須 고교생이 알아야 할 故事成語(고사성어)

- **骨肉相殘(골육상잔)** 뼈와 살이 서로 싸운다는 말로 동족끼리 서로 싸움을 비유한 말.
- **公卿大夫(공경대부)** 三公(삼공)과 九卿(구경)등 벼슬이 높은 사람들을 이르는 말.

필수 高校九百漢字

TAEILL's Work Book

오늘의 명언

♣ 개성과 인간과의 관계는 향기와 꽃과의 관계이다.

시위브

禽獸	肯諾	棄却	基幹	豈敢
금수: ① 날짐승과 길짐승 곧, 모든 짐승. ② 무례하고 추잡한 행실을 일삼는 사람을 비유한 말.	**긍낙**: 수긍하여 허락함. 긍정적으로 수락함.	**기각**: ① 버리고 쓰지 아니함. ② 법원에서 소송을 심리한 결과 이유 등이 없어 도로 물리치는 일.	**기간**: 어떤 분야나 부문에서 으뜸이 되거나 중심이 되는 부분. 예 기간산업(基幹産業)	**기감**: ① 어찌 감히. ② 천만에.

禽	獸	肯	諾	棄	却	基	幹	豈	敢
날짐승 금	길짐승 수	즐길 긍	허락 낙	버릴 기	물리칠 각	터 기	줄기 간	어찌 기	구태여 감

必須 고교생이 알아야 할 故事成語(고사성어)

- **誇大妄想(과대망상)** 무리하게 과장된 것을 믿는 망령된 생각을 이르는 말.
- **過猶不及(과유불급)** 어떤사물이 정도를 지나침은 도리어 미치지 못한 것과 같다는 말.

필수 高校九百漢字

TAEILL's Work Book

오늘의 명언

♣ 거룩하고 즐겁고 활기차게 살아라. 믿음과 열심에는 피곤과 짜증이 없다.

어니스트 헨즈

紀綱	寄稿	機構	騎兵	飢餓
기강 : 기율과 법도. 예 기강기율(紀綱紀律)	**기고** : 신문사나 잡지사 같은 데에 원고를 써서 보냄. 또는 그 원고. 예 기사기고(記事寄稿)	**기구** : ① 어떤 목적을 이루기 위하여 구성한 조직이나 기관. ② 기계나 도구의 내부 구조.	**기병** : 말을 타고 전투를 하는 군사. 예 선두기병(先頭騎兵)	**기아** : 굶주림. 헐벗고 양식이 없어 굶주리는 일. 예 기아선상(飢餓線上)

紀	綱	寄	稿	機	構	騎	兵	飢	餓
기강 기	벼리 강	붙을 기	볏짚 고	틀 기	얽을 구	말탈 기	군사 병	주릴 기	주릴 아

紀	綱	寄	稿	機	構	騎	兵	飢	餓

必須 고교생이 알아야 할 故事成語(고사성어)

- **巧言令色(교언영색)** 남의 환심(歡心)을 사기 위하여 아첨하며 교묘한 말과 보기 좋게 꾸미는 얼굴빛.
- **教學相長(교학상장)** 남을 가르치거나 배우는 것 모두가 나의 학업을 증진시킨다는 뜻.

필수 高校九百漢字

TAEILL's Work Book

오늘의 명언

♣ 건강은 유일무이의 보배이며 이것을 얻기 위해서는 생명 자체까지 내던진다.

몽테뉴 / 프랑스 사상가

奇緣	祈願	旗幅	忌避	畿湖
기연: ① 기이한 인연. ② 이상하게 맺어지는 인연. 예 기연연분(奇緣緣分)	**기원**: 바라는 소원이나 일 따위가 이루어지기를 비는 일. 예 통일기원(統一祈願)	**기폭**: ① 깃발. ② 깃발의 너비(피륙 따위의 너비).	**기피**: ① 꺼리어 피함. ② 싫어서 피함. 예 병역기피(兵役忌避)	**기호**: 경기도 · 황해도 남부와 충청남도 북부지역을 이르는 말.

奇	緣	祈	願	旗	幅	忌	避	畿	湖
기이할 기	인연 연	빌 기	원할 원	깃발 기	넓이 폭	꺼릴 기	피할 피	경기 기	호수 호

必須 고교생이 알아야 할 故事成語(고사성어)

- **求國干城(구국간성)** 나라를 위기에서 구하고 지키려는 믿음직한 군인이나 인물을 이르는 말.
- **口尙乳臭(구상유취)** 입에서 아직 젖내가 난다는 뜻으로, 언어와 행동이 매우 어리고 유치함을 일컬음.

필수 高校九百漢字

TAEILL's Work Book

오늘의 명언

♣ 고립된 개인은 존재하지 않는다. 슬픈자는 타인을 슬프게 한다.

생텍쥐페리 / 프랑스 작가

企劃	緊張	奈麻	那邊	羅列
기획 : 어떤 일을 말아 꾸미어 꾀함. 일을 계획하는 일. 예 기획상품(企劃商品)	**긴장** : ① 마음을 가다듬어 정신을 바짝 차림. ② 팽팽하게 켕기어 느슨하지 아니함.	**나마** : 신라 시대 때 17 관등 가운데 열한째의 등급.	**나변** : ① 그 곳. ② 어느 곳. 어디.	**나열** : 죽 벌여 놓음. 예 문장나열(文章羅列)

企	劃	緊	張	奈	麻	那	邊	羅	列
꾀할 기	그을 획	긴요할 긴	베풀 장	어찌 나	삼 마	어찌 나	가 변	그물 라	벌일 렬

企	劃	緊	張	奈	麻	那	邊	羅	列

必須 고교생이 알아야 할 故事成語(고사성어)

- **九牛一毛(구우일모)** 아홉 마리의 소에 한가닥의 털이란 뜻으로, 썩 많은 가운데의 극히 적은 것을 비유하는 말.
- **口耳之學(구이지학)** 귀로 들은 것을 그대로 남에게 이야기할 뿐 조금도 제것으로 만들지 못한 학문을 말함.

오늘의 명언

♣ 교육의 목표는 지식의 증진과 진리의 씨뿌리기이다.

케네디 / 미국 대통령

蘭菊	濫獲	娘子	冷凍	努力
난국 : 난초와 국화 예 매국난죽(梅菊蘭竹)	**남획** : 물고기 · 짐승을 가리지 않고 마구 잡음. 예 치어남획(稚魚濫獲)	**낭자** : 예전에 「처녀」를 높여 이르는 말. 예 귀댁낭자(貴宅娘子)	**냉동** : 육류 · 어류 또는 과일 등을 상하지 않게 하기 위해 냉각시켜 얼림. 예 냉동식품(冷凍食品)	**노력** : 애를 쓰고 힘을 들임. 예 각고노력(刻苦努力)

蘭	菊	濫	獲	娘	子	冷	凍	努	力
난초 란	국화 국	넘칠 람	얻을 획	각시 낭	아들 자	찰 랭	얼 동	힘쓸 노	힘 력

蘭	菊	濫	獲	娘	子	冷	凍	努	力

必須 고교생이 알아야 할 故事成語(고사성어)

- **九折羊腸(구절양장)** 세상일이 매우 복잡하여 살아가기가 어려움을 비유하는 말.
- **群鷄一鶴(군계일학)** 많은 닭 중에 한마리 학이라는 뜻으로 곧 많은 사람 중 가장 뛰어난 인물을 말함.

오늘의 명언

♣ 기고만장하게 행동하느니보다 허리를 굽히는 것이 슬기로움에 더 가깝다.

윌리엄 워즈워스 / 영국 시인

奴婢	鹿角	腦裏	雷鳴	樓閣
노비 : 사내종과 계집종의 총칭. 예 노비문서(奴婢文書)	**녹각** : 사슴의 뿔. (주로 약용으로 쓰여지는 녹용은 녹각을 잘게 잘라 말린 것임)	**뇌리** : 머릿속. 생각하고 있는 머릿속. 예 뇌리상상(腦裏想像)	**뇌명** : 천둥소리. 천둥소리가 남, 또는 그 소리. 예 백주뇌명(白晝雷鳴)	**누각** : 사방이 탁 트이게 하여 높은 곳에 지은 다락집. 예 누각정자(樓閣亭子)

奴	婢	鹿	角	腦	裏	雷	鳴	樓	閣
종 노	계집종 비	사슴 록	뿔 각	머릿골 뇌	속 리	천둥 뢰	울 명	다락 루	누각 각

奴	婢	鹿	角	腦	裏	雷	鳴	樓	閣

必須 고교생이 알아야 할 故事成語(고사성어)

- **群雄割據(군웅할거)** 많은 영웅들이 지역을 갈라서 자리잡고 서로의 세력을 다툼을 이르는 말.
- **權謀術數(권모술수)** 그때 그때의 상황에 따라 변통성 있게 둘러 맞추는 모략이나 수단을 말함.

오늘의 명언

♣ 남자와 여자의 교양의 시금석은 싸울 때 어떻게 행동하는가이다.

조지 버나드 쇼 / 영국 작가

累計	屢朔	漏穴	茶盤	斷髮
누계 : 소계(小計)를 계속하여 덧붙여 계산함. 또는 그 합계. 예 누계합산(累計合算)	**누삭** : 여러 달.	**누혈** : 물이 흘러내리도록 구멍을 뚫은 돌구멍.	**다반** : 찻그릇을 담는 예반. 차반. 예 다반차기(茶盤茶器)	**단발** ① 머릿털을 짧게 자름. ② 여자의 뒷머리를 짧게 자른 모양. 예 단발소녀(斷髮少女)

累	計	屢	朔	漏	穴	茶	盤	斷	髮
여러 루	셈할 계	자주 루	초하루 삭	샐 루	구멍 혈	차 다	쟁반 반	끊을 단	머리털 발

累	計	屢	朔	漏	穴	茶	盤	斷	髮

必須 고교생이 알아야 할 故事成語(고사성어)

- **捲土重來(권토중래)** 한 번 패하였다가 세력을 회복하여 다시 쳐들어 옴을 말함.
- **近墨者黑(근묵자흑)** 먹을 가까이하면 검어진다는 고사로, 악한 이에게 가까이 하면 악에 물들기 쉽다는 말.

필수 高校九百漢字

TAEILL's Work Book

오늘의 명언

♣ 내일의 현실에 대한 유일한 제한은 오늘의 의구심이다. 강하고 적극적인 신념을 가지고 앞으로 나아가자.

루스벨트 / 미국 32대 대통령

端緖	踏襲	唐突	臺詞	桃梨
단서 : ① 일의 처음. ② 일의 실마리. 예 사건단서 (事件端緖)	**답습** : 예로부터 해 오던 것을 그대로 따라 행하거나 이어 가는 것. 예 전철답습(前轍踏襲)	**당돌** : ① 윗사람에게 대하여 버릇이 없고 주제넘음. ② 도랑도랑하여 조금도 꺼리는 마음이 없음.	**대사** : 연극이나 영화 따위에서 배우가 하는 말. 예 연극대사(演劇臺詞)	**도리** : 복숭아와 배.

端	緖	踏	襲	唐	突	臺	詞	桃	梨
끝 단	실마리 서	밟을 답	엄습할 습	당나라 당	부딪칠 돌	토대 대	말씀 사	복숭아 도	배 리

端	緖	踏	襲	唐	突	臺	詞	桃	梨

必須 고교생이 알아야 할 故事成語(고사성어)

- **錦上添花(금상첨화)** 비단 위에 꽃을 더함. 곧 좋은 일에 더 좋은 일이 겹침. (반)雪上加霜(설상가상)
- **錦衣還鄕(금의환향)** 타지에서 성공하여 자기 고향으로 돌아감을 이르는 말.

오늘의 명언

♣ 너무 많다는 것은 부족하다는 것을 의미한다. 너무 건강한 사람같이 심한 병자는 없다.

로맹 롤랑 / 프랑스 작가

渡涉	跳躍	挑戰	逃走	倒錯
도섭: 물을 건넘. 강이나 바다 따위의 물을 건너는 일.	**도약**: ① 뛰어오름. ② 급격한 향상으로 진보·발전의 단계로 접어듦. 예 경제도약(經濟跳躍)	**도전**: ① 싸움을 걸거나 돋음. ② 비유적으로 어려운 사업이나 기록 따위의 갱신을 위해 맞섬.	**도주**: 도망함. 피하여 달아남. 쫓겨 달아남. 예 도주피신(逃走避身)	**도착**: 본능이나 감정 또는 덕성의 이상으로 인하여 어그러진 행동을 보이는 일. 예 도착증(倒錯症)

渡	涉	跳	躍	挑	戰	逃	走	倒	錯
건널 도	물건널 섭	뛸 도	뛸 약	돋을 도	싸움 전	달아날 도	달아날 주	넘어질 도	그릇될 착

渡	涉	跳	躍	挑	戰	逃	走	倒	錯

必須 고교생이 알아야 할 故事成語(고사성어)

- **綠陰芳草(녹음방초)** 푸르른 나무들의 그늘과 꽃다운 풀. 곧 여름의 자연 경관을 일컫는 말.
- **綠衣紅裳(녹의홍상)** 연두 저고리에 다홍치마라는 뜻으로 곱게 차린 여인의 복색을 이르는 말.

오늘의 명언

♣ 너 자신을 다스려라. 그러면 당신은 세계를 다스릴 수 있을 것이다.

중국 속담

塗彩	陶醉	毒蛇	敦篤	豚疫
도채 : 채색을 올리는 일. 채식을 입히는 일. ⓔ 도말채색(塗抹彩色)	**도취** : ① 술이 얼근히 취함. ② 어떤 것에 마음이 끌려 취하다시피 됨. ⓔ 만족도취(滿足陶醉)	**독사** : 이빨에 독액 분비선을 가진 뱀을 이르는 말. 예로 살무사 · 코브라 따위의 뱀의 총칭.	**돈독** : 인정이 두터움. 품성이 돈후함. ⓔ 우정돈독(友情敦篤)	**돈역** : 돈역균에 의한 돼지전염병. ⓔ 돈역균(豚疫菌)

塗	彩	陶	醉	毒	蛇	敦	篤	豚	疫
바를 도	무늬 채	질그릇 도	취할 취	독할 독	뱀 사	두터울 돈	두터울 독	돼지 돈	염병 역

塗	彩	陶	醉	毒	蛇	敦	篤	豚	疫

必須 고교생이 알아야 할 故事成語(고사성어)

- **單刀直入(단도직입)** 너절한 서두를 생략하고 요점이나 본문제를 간단명료하게 말함.
- **大驚失色(대경실색)** 대단히 놀라 얼굴빛이 창백해짐을 이르는 말.
- **大器晩成(대기만성)** 크게 될 사람은 늦게 이루어진다는 뜻.

오늘의 명언

♣ 노병은 결코 죽지 않고 사라질 뿐이다.

맥아더 - D. Macarthur

銅鑛	屯畓	磨滅	幕僚	妄靈
동광：① 구리를 캐는 광산. ② 구리를 함유하는 광석.	**둔답**：① 주둔군의 군량을 자급자족하기 위한 논. ② 각 궁과 관아에 딸린 논.	**마멸**：갈리어 닳아서 없어짐. 예 마찰마멸(摩擦摩滅)	**막료**：중요한 계획의 입안이나 시행 따위의 일을 보좌하는 간부. 예 막료보좌(幕僚補佐)	**망령**：늙거나 정신이 흐려서 말과 행동이 정상을 벗어난 상태. 예 망령노인(妄靈老人)

銅	鑛	屯	畓	磨	滅	幕	僚	妄	靈
구리 동	쇳덩이 광	모일 둔	논 답	갈 마	멸할 멸	장막 막	동료 료	망령될 망	신령 령

必須 고교생이 알아야 할 故事成語(고사성어)

- **大義名分(대의명분)** 사람으로서 모름지기 지켜야 할 큰 명리나 직분을 말함.
- **獨不將軍(독불장군)** ①홀로 목적을 달성하려는 외로운 사람. ②혼자서는 장군이 못된다는 뜻으로, 남과 협조하여야 한다는 말.

필수 高校九百漢字

TAEILL's Work Book

오늘의 명언

♣ 누구의 말에도 귀를 기울이고 누구를 위해서도 입을 열지 말라.

윌리엄 셰익스피어
영국극작가

罔測	媒介	埋藏	梅花	脈絡
망측: 이치에 어그러져서 어이가 없거나 차마 눈뜨고 보기가 어려움. 예 상태망측(狀態罔測)	**매개**: ① 사이에 서서 양편의 관계를 맺어줌. ② 전파하는 일. 예 홍보매개(弘報媒介)	**매장**: ① 묻어서 감춤. ② 광물 따위가 땅속에 묻히어 있음. 예 석유매장(石油埋藏)	**매화**: ① 매실나무. ② 매화꽃. 예 매실매화(梅實梅花)	**맥락**: ① 혈맥이 서로 연결되어 있는 계통. ② 사물이 연관되어 있는 관계. 예 문장맥락(文章脈絡)

罔	測	媒	介	埋	藏	梅	花	脈	絡
없을 망	측량할 측	중매 매	낄 개	묻을 매	감출 장	매화 매	꽃 화	맥 맥	이를 락

必須 고교생이 알아야 할 故事成語(고사성어)

- **讀書亡羊(독서망양)** 책 읽는데 정신이 팔려 돌보던 양을 잃어버렸다는 뜻으로 부수적인 것에 열중하다가 낭패를 봄을 비유한 말.
- **同價紅裳(동가홍상)** 이왕이면 다홍치마라는 말로 곧 같은 값이면 좋은것을 가진다는 뜻.

오늘의 명언

♣ 눈물과 함께 빵을 먹어보지 않은 사람은 인생의 참다운 맛을 못본다.

요한 볼프강 폰 괴테
독일의 문호

猛攻	盟誓	盲點	銘誌	名稱
맹공 :「맹공격」의 준말. 맹렬히 집중하여 공격함. 예 맹렬공격(猛烈攻擊)	**맹서** :「맹세」의 본딧말. 예 맹서약속(盟誓約束)	**맹점** : 미처 생각이 미치지 못하여 모순되거나 틈이 생긴 것. 예 취약맹점(脆弱盲點)	**명지** : 비석이나 종 따위에 새겨넣는 글.	**명칭** : 사물을 부르는 이름. 호칭(呼稱). 예 명칭목록(名稱目錄)

猛	攻	盟	誓	盲	點	銘	誌	名	稱
사나울 맹	칠 공	맹세할 맹	맹세할 서	소경 맹	점 점	새길 명	기록할 지	이름 명	일컬을 칭

必須 고교생이 알아야 할 故事成語(고사성어)

- **同病相憐(동병상련)** 같은 병을 앓는 사람끼리 서로 가엾게 여긴다는 뜻으로 처지가 비슷한 사람끼리 서로 도우며 위로함을 말함.
- **同床異夢(동상이몽)** 같은 잠자리에서 다른 꿈을 꿈. 곧 겉으로는 행동이 같으면서 속으로는 딴 생각을 가진다는 뜻.

오늘의 명언

♣ 단지 돈만을 위해 결혼하는 것보다 더 나쁜 것은 없고, 단지 사랑만을 위해 결혼하는 것보다 더 어리석은 일은 없다.

새뮤얼 존슨 / 영국시인

模樣	侮辱	募集	謀策	某側
모양 : ① 겉으로 나타나는 생김새나 모습. ② 어떤 상태가 되어가는 꼴. ㊀ 자태모양(姿態模樣)	**모욕** : 깔보고 욕되게 함. ㊀ 모욕감(侮辱感)	**모집** : 조건 따위에 맞는 사람이나 사물을 뽑아서 모음. ㊀ 사원모집(社員募集)	**모책** : 어떤 일을 처리하거나 모면하기 위하여 계책을 꾸밈. 또는 그 계책. ㊀ 모면계책(謀免計策)	**모측** : ① 아무 곳. ② 어떠한 사람.

模	樣	侮	辱	募	集	謀	策	某	側
법 모	모양 양	모욕할 모	욕될 욕	뽑을 모	모을 집	꾀할 모	꾀 책	아무 모	곁 측

模	樣	侮	辱	募	集	謀	策	某	側

必須 고교생이 알아야 할 故事成語(고사성어)

- **燈下不明(등하불명)** 등잔 밑이 어둡다는 뜻으로, 가까이 있는 것을 도리어 알아내기 어렵다는 말.
- **燈火可親(등화가친)** 가을밤은 서늘하여 등불을 가까이 두고 글읽기에 좋다는 말.

오늘의 명언

♣ 당나귀는 긴 귀로 구별할 수 있으며 어리석은 자는 긴 혀로 구별할 수 있다.

유태격언

冒險	牧畜	墓碑	苗板	霧散
모험 : ① 위험을 무릅쓰고 어떤 일을 함. ② 성공할 가망이 적은 일을 무리하게 함. 예 모험여행(冒險旅行)	**목축** : 소 · 말 · 양 · 돼지 등의 가축을 다량으로 기름. 예 목장축산(牧場畜産)	**묘비** : 무덤 앞에 세우는 비석. 예 산소묘비(山所墓碑)	**묘판** : 모내기를 하여 벼를 생산하기 위해 이앙 전에 싹을 기르는 못자리.	**무산** : 안개가 걷힌 듯 흩어져 사라짐. 예 계획무산(計劃霧散)

冒	險	牧	畜	墓	碑	苗	板	霧	散
무릅쓸 모	험할 험	기를 목	가축 축	무덤 묘	비석 비	싹 묘	널 판	안개 무	흩을 산

冒	險	牧	畜	墓	碑	苗	板	霧	散

必須 고교생이 알아야 할 故事成語(고사성어)

- **麻中之蓬(마중지봉)** 삼밭에서 자란 쑥이란 말로 좋은 환경에서 자라면 자기도 모르게 선해진다는 뜻.
- **莫上莫下(막상막하)** 실력에 있어서 우열(優劣)의 차이가 없는 것을 이르는 말.

오늘의 명언

♣ 당신이 자신에 대해서 생각하는 것은 다른 사람들이 당신에 대해서 생각하는 것보다 훨씬 중요하다.

루시우스 아니에우스 세네카 로마 철학자

無償	貿易	眉間	未遂	微賤
무상 : ① 보상이 없음. ② 값을 치르지 아니하여도 되는 일. 예 무상원조(無償援助)	**무역** : 나라와 나라 사이에 서로 물품을 수출입하여 팔고 사고 함. 예 대외무역(對外貿易)	**미간** : 「양미간」의 준말. 두 눈썹의 사이 예 양미간(兩眉間)	**미수** : ① 범죄에 착수하여 그 목적을 이루지 못함. ② 목적을 이루지 못한 일. 예 살인미수(殺人未遂)	**미천** : 신분 · 지위 · 출신 따위가 보잘 것 없고 천함. 예 신분미천(身分微賤)

無	償	貿	易	眉	間	未	遂	微	賤
없을 무	갚을 상	무역할 무	바꿀 역	눈썹 미	사이 간	아닐 미	드디어 수	작을 미	천할 천

無	償	貿	易	眉	間	未	遂	微	賤

必須 고교생이 알아야 할 故事成語(고사성어)

- **萬事亨通(만사형통)** 모든 일이 거리낌없이 뜻과 같이 잘 됨을 이르는 말.
- **萬事休矣(만사휴의)** 모든 방법이 헛되게 됨을 이르는 말.
- **滿山遍野(만산편야)** 산과 들에 가득차서 뒤덮여 있음을 말함.

오늘의 명언

♣ 대부분의 사람들이 커다란 야망으로 시달리지만 않는다면 작은 일에 성공하련만.

헨리 워즈워스 롱펠로
미국 시인

蜜蜂	拍車	返納	班長	傍系
밀봉 : 여왕벌을 중심으로 소수의 수벌과 다수의 일벌과 꿀벌의 집단. ⓔ 밀봉양봉(蜜蜂養蜂)	**박차** : ① 승마 구두의 뒤축에 댄 쇠붙이. ② 어떤 일의 촉진을 위해 전력을 다하는 일.	**반납** : 빌려서 쓴 것 등을 사용후 도로 돌려줌. ⓔ 휴가반납(休暇返納)	**반장** : 학급이나 행정단위의 작은 조직 따위의 반을 대표하는 사람. ⓔ 학급반장(學級班長)	**방계** : 주된 계통에서 갈라져 나간 갈래. ⓔ 방계조직(傍系組織)

蜜	蜂	拍	車	返	納	班	長	傍	系
꿀 밀	벌 봉	칠 박	수레 차	돌아올 반	들일 납	나눌 반	길 장	곁 방	이을 계

必須 고교생이 알아야 할 故事成語(고사성어)

- **滿身瘡痍(만신창이)** ①온몸이 상처투성이가 됨. ②사물이 성한 데가 없을 만큼 결함이 많음을 이르는 말.
- **罔極之恩(망극지은)** 죽을 때까지 다할 수 없는 임금이나 부모의 크나큰 은혜를 말함.

필수 高校九百漢字
TAEILL's Work Book

오늘의 명언

♣ 당신의 정열을 지배하라. 그러지 않으면 정열이 당신을 지배할 것이다.

호라티우스 / 로마시인

倣似	妨害	芳香	倍騰	背叛
방사 : 아주 비슷함.	**방해** : 남의 일에 헤살을 놓아 못하게 하거나 지연되게 함. ⓔ 영업방해(營業妨害)	**방향** : 꽃다운 행내. 좋은 냄새. ⓔ 방향제(芳香劑)	**배등** : 물건 값 따위가 품귀현상 등으로 갑절 오름.	**배반** : 믿음과 의리를 저버리고 돌아섬.(背反)으로도 쓰임. ⓔ 의리배반(義理背叛)

倣	似	妨	害	芳	香	防	騰	背	叛
본받을 방	같을 사	방해할 방	해칠 해	꽃다울 방	향기 향	곱 배	오를 등	등 배	배반할 반

倣 似 妨 害 芳 香 防 騰 背 叛

必須 고교생이 알아야 할 故事成語(고사성어)

- **望洋之歎(망양지탄)** 바다를 바라보고 하는 탄식. 곧 힘이 미치지 못하여 하는 탄식을 이르는 말.
- **忘形之交(망형지교)** 신분, 자유, 학벌, 빈부, 용모 따위에 구애받지 않는 친밀한 사귐을 뜻함. 마음과 마음의 격의 없는 사귐을 말함.

오늘의 명언

♣ 도박을 즐기는 모든 인간은 불확실한 것을 얻기 위해서 확실한 것을 걸고 내기를 하는 것이다.

파스칼

配偶	排斥	煩惱	飜譯	範圍
배우:「배우자」의 준말. 부부의 짝. 배필(配匹). ⓔ 배우상속(配偶相續)	**배척**: 외세·사상 따위를 거부하여 물리침. ⓔ 외세배척(外勢排斥)	**번뇌**: ① 심신을 괴롭히는 모든 망념. ② 마음이 시달려서 괴로움. ⓔ 번뇌번민(煩惱煩悶)	**번역**: 한 나라의 말로 표현된 문장의 내용을 다른 나라 말로 옮김. ⓔ 번역소설(飜譯小說)	**범위**: 한정된 구역의 언저리. 어떤 힘이 미치는 한계. 테두리. ⓔ 시험범위(試驗範圍)

配	偶	排	斥	煩	惱	飜	譯	範	圍
짝 배	짝 우	물리칠 배	내칠 척	번잡할 번	번뇌할 뇌	번역할 번	통역할 역	법 범	둘레 위
配	偶	排	斥	煩	惱	飜	譯	範	圍

必須 고교생이 알아야 할 故事成語(고사성어)

- **名不虛傳(명불허전)** 명성이 헛되이 퍼진 것이 아니라는 뜻으로, 퍼지게 된 데에는 그만한 까닭이 있음을 이르는 말.
- **名實相符(명실상부)** 명명함과 실상이 서로 들어맞음을 이르는 말. (반)名實相反(명실상반).

필수 高校九百漢字

TAEILL's Work Book

오늘의 명언

♣ 대화는 학생 또는 배우려는 사람들의 실험실이요, 작업장이다.

에머슨

碧玉	辯論	辨濟	別莊	竝置
벽옥 : ① 푸른 빛의 고운 옥. ② 석영의 한 변종. 예 벽옥피부(碧玉皮膚)	**변론** : ① 소송 당사자·변호인이 법정에서 하는 진술. ② 사리를 밝혀 옳고 그름을 말함. 예 법정변론(法廷辯論)	**변제** : ① 빚을 갚음. ② 손실을 물어 줌. 변상(辨償). 예 채무변제(債務辨濟)	**별장** : 본집 외로 둔 경치 좋은 곳에 따로 마련한 집. 예 산장별장(山莊別莊)	**병치** : 둘 이상의 것을 같은 장소에 두거나 동시에 설치함.

碧	玉	辯	論	辨	濟	別	莊	竝	置
푸를 벽	구슬 옥	말잘할 변	의논할 론	분별할 변	구제할 제	다를 별	장할 장	아우를 병	둘 치

碧	玉	辯	論	辨	濟	別	莊	竝	置

必須 고교생이 알아야 할 故事成語(고사성어)

- **明哲保身(명철보신)** 총명하고 사리에 밝아 일을 잘 처리하여서 자기 한 몸 잘 보전함을 말함.
- **目不忍見(목불인견)** 딱하고 가엾어 차마 눈으로 볼수 없는 그러한 참상을 말함.

오늘의 명언

♣ 마냥 슬픔에 잠긴다는 것은 위험하다. 용기를 빼앗아 갈 뿐 아니라 회복하려는 의욕마저 잃게 하기 때문이다.

앙리 프레데리크 아미엘 스위스 철학자

寶劍	補佐	普遍	覆蓋	複寫
보검 : ① 예전에서 의장으로 쓰이는 칼의 하나. ② 보도(寶刀). 예 의장보검(儀仗寶劍)	**보좌** : 장군 · 장관 · 원수 · 상관 등을 도와 일을 처리함. 예 상관보좌(上官補佐)	**보편** : ① 두루 널리 미침. ② 많거나 적거나 일정수의 대상에 공통되어 예외가 없는 일. 예 보편타당(普遍妥當)	**복개** : ① 뚜껑. 덮개. ② 하천에 구조물을 덮음. 또는 그 덮개. 예 하천복개(河川覆蓋)	**복사** : ① 원본을 베낌. ② 문서 · 그림 · 사진 · 책 따위를 복제함. 예 원본복사(原本複寫)

寶	劍	補	佐	普	遍	覆	蓋	複	寫
보배 보	칼 검	도울 보	두울 좌	넓을 보	두루 편	엎을 복	덮을 개	겹칠 복	베낄 사

寶	劍	補	佐	普	遍	覆	蓋	複	寫

必須 고교생이 알아야 할 故事成語(고사성어)

● **武陵桃源(무릉도원)** ①도연명(陶淵明)의 도화원기(桃花源記)에 나오는 별천지. 진(秦)나라 때에 난리를 피(避)한 사람들이 살고 있었다는 곳. ②조용히 행복하게 살수 있는 곳을 비유하여 이르는 말. 선경(仙境).

필수 高校九百漢字 TAEILL's Work Book

오늘의 명언

♣ 먹는 것은 자기 자신을 즐겁게 하기 위함이요, 입는 것은 남을 즐겁게 하기 위함이다.

벤저민 프랭클린
미국 정치가

卜債	封鎖	鳳湯	負擔	附錄
복채 : 점을 쳐 준 값으로 점쟁이에게 주는 돈. 예 점술복채(占術卜債)	**봉쇄** : 굳게 잠가서 외부와의 출입을 못하게 막는 일. 예 해상봉쇄(海上封鎖)	**봉탕** : 「닭국」을 익살맞게 일컫는 말. 예 봉탕요리(鳳湯料理)	**부담** : 어떤 일을 맡아 그 의무나 책임을 짐. 예 비용부담(費用負擔)	**부록** : 책·잡지·신문 따위에서 본문의 끝에 본지 외로 덧붙여 내는 지면. 예 별책부록(別冊附錄)

卜	債	封	鎖	鳳	湯	負	擔	附	錄
점칠 복	빚질 채	봉할 봉	쇠사슬 쇄	새 봉	끓일 탕	질 부	질 담	붙을 부	기록할 록

必須 고교생이 알아야 할 故事成語(고사성어)

- 無不通知(무불통지) 정통하여 모르는 것이 없음을 이르는 말.
- 無所不能(무소불능) 가능하지 않은 것이 없음을 말함.
- 無所不至(무소부지) 무엇이든지 모르는 바가 없음을 이르는 말.

오늘의 명언

♣ 모든 일을 용서받는 청년기는 아무것도 스스로 용서치 않으며, 스스로 모든 일을 용서하는 노년기는 아무것도 용서 받지 못한다.

조지 버나드 쇼

副署	赴臨	符籍	憤慨	紛糾
부서 : 법령이나 대통령의 국무에 관한 문서에 국무위원이 함께 서명하는 일. 또는 그 서명.	**부임** : 임명이나 발령을 받아 근무지로 가거나 다다름. 예 부임인사(赴臨人事)	**부적** : 불교 · 도교 등을 믿는 집에서 악귀를 쫓기 위해 붉은 글자로 그리어 붙이는 종이.	**분개** : 격분하여 개탄함. 몹시 분하게 여김. 예 분노분개(憤怒憤慨)	**분규** : 어떤 문제 따위로 뒤얽혀서 말썽이 많고 시끄러움. 예 분규분쟁(紛糾紛爭)

副	署	赴	臨	符	籍	憤	慨	紛	糾
버금 부	관청 서	다다를 부	임할 림	부신 부	호적 적	분할 분	분할 개	어지러울 분	살필 규

副	署	赴	臨	符	籍	憤	慨	紛	糾

必須 고교생이 알아야 할 故事成語(고사성어)

- 文房四友(문방사우) 종이 · 붓 · 벼루 · 먹을 이르는 말.
- 無爲徒食(무위도식) 하는일 없이 먹고 놀기만 함을 이르는 말.
- 聞一知十(문일지십) 한 마디를 듣고 열가지를 미루어 앎. 곧 총명하고 지혜로움을 이르는 말.

필수 高校九百漢字

TAEILL's Work Book

오늘의 명언

♣ 무지의 진정한 특징은, 허영과 자만, 그리고 교만이다.

새뮤얼 버틀러 / 영국 작가

粉乳	奮鬪	崩壞	比較	卑屈
분유 : 가루우유. 가루로 된 우유. 예 우유분유(牛乳粉乳)	**분투** : 있는 힘을 다해 지탱하거나 싸움. 예 고군분투(孤軍奮鬪)	**붕괴** : ① 허물어져 무너짐. ② 불안정한 소립자가 스스로 분열하여 다른 종류의 소립자로 변화하는 일.	**비교** : 두 개 이상의 사물 따위를 견주어 봄. 예 비교분석(比較分析)	**비굴** : 용기가 없고 비겁함. 예 태도비굴(態度卑屈)

粉	乳	奮	鬪	崩	壞	比	較	卑	屈
가루 분	젖 유	떨칠 분	싸울 투	무너질 붕	무너질 괴	견줄 비	비교할 교	낮을 비	굽을 굴

粉	乳	奮	鬪	崩	壞	比	較	卑	屈

必須 고교생이 알아야 할 故事成語(고사성어)

- **門前成市(문전성시)** 권세 있는 집 대문 앞에 찾아오는 사람이 많아서 마치 시장을 이룬 것 같음을 말함.
- **物外閑人(물외한인)** 세상 물정에 관여하지 않고 한가롭게 지내는 사람을 이르는 말.

오늘의 명언

♣ 미美는 자연의 동전, 모아 두어서는 안되며 유통되어야 한다. 그것의 좋은 점은 서로 나누어 갖는 기쁨이다.

존 밀턴 / 영국 시인

肥培	秘術	批評	頻繁	斯界
비배 : 곡물 · 화초 · 나무 · 풀 따위에 거름을 주고 가꿈. 예 화초비배(花草肥培)	**비술** : 비밀히 전하여 오는 술법이나 비법. 예 비술비법(秘術秘法)	**비평** : 사물의 선악 · 시비 · 미추 등을 평가하여 논하는 일. 예 작품비평(作品批評)	**빈번** : 도수가 잦아 복잡함. 예 왕래빈번(往來頻繁)	**사계** : ① 속하여 있는 그 사회. ② 속하여 있는 그 전문분야. 예 사계권위자(斯界權威者)

肥	培	秘	術	批	評	頻	繁	斯	界
살찔 비	북돋을 배	숨길 비	재주 술	비평할 비	평논할 평	자주 빈	성할 번	이 사	지경 계

肥 培 秘 術 批 評 頻 繁 斯 界

必須 고교생이 알아야 할 故事成語(고사성어)

- 尾生之信(미생지신) 융통성 없이 약속만을 굳게 지킴을 이르는 말.
- 美風良俗(미풍양속) 아름답고 좋은 풍속을 이르는 말.
- 拍掌大笑(박장대소) 손바닥을 치며 극성스럽게 웃는 웃음을 이르는 말.

필수 高校九百漢字

TAEILL's Work Book

오늘의 명언

♣ 별을 따려고 손을 뻗는 사람은 자기 발밑의 꽃을 잊어버린다.

제레미 벤담 / 영국 정치가

詐欺	舍廊	沙漠	賜謁	邪慾
사기 : 자기만의 이익을 취하기 위하여 못된 꾀로 남을 속임. ㉠ 사기행각(詐欺行脚)	**사랑** : 대개 우리 전통 가옥에서 바깥주인이 거처하며 손님을 대접하던 방.	**사막** : 강수량이 적어서 매우 메말라 불모지가 된 가마득히 넓은 모래벌판. ㉠ 불모사막(不毛沙漠)	**사알** : 신하에게 임금이 만날 것을 허락함.	**사욕** : ① 못된 욕심. 부정한 욕심. ② 육욕(肉慾).

詐	欺	舍	廊	沙	漠	賜	謁	邪	慾
속일 사	속일 기	집 사	행랑 랑	모래 사	사막 막	줄 사	뵐 알	간사할 사	욕심 욕

詐	欺	舍	廊	沙	漠	賜	謁	邪	慾

必須 고교생이 알아야 할 故事成語(고사성어)

- 半信半疑(반신반의) 반은 믿고 반은 의심함을 이르는 말.
- 拔本塞源(발본색원) 폐단의 근원을 찾아 뽑아 버림을 말함.
- 倍達民族(배달민족) 역사상으로 우리 겨레를 일컫는 말.

오늘의 명언

♣ 비폭력이란 강력하고 정당한 무기로서 상처없이 잘라내며 그것을 휘두르는 사람을 고상하게 만들어 준다. 비폭력은 치료의 검이다.

마틴 루터 킹 / 미국 흑인지도자

思惟	司會	桑栗	祥夢	賞味
사유 : ① 생각함. ② 경험한 사실을 비교하여 개념·판단·추리의 세 작용을 포함한 사고(思考).	**사회** : ① 회의 등의 진행을 맡아봄. ② 「사회자」의 준말. 예 사회자(司會者)	**상률** : ① 뽕나무와 밤나무 ② 뽕과 밤. 예 상률도리(桑栗桃李)	**상몽** : 상서로운 꿈. 길몽. 예 상몽길몽(祥夢吉夢)	**상미** : 과일·음식 따위의 간이나 맛을 봄.

思	惟	司	會	桑	栗	祥	夢	嘗	味
생각할 사	생각할 유	맡을 사	모을 회	뽕나무 상	밤 률	상서러울 상	꿈 몽	맛볼 상	맛 미

思	惟	司	會	桑	栗	祥	夢	嘗	味

必須 고교생이 알아야 할 故事成語(고사성어)

- **背水之陣(배수지진)** 물을 등지고 친 진영, 곧 목숨을 걸고 어떤 일에 대처하는 경우를 말함.
- **白骨難忘(백골난망)** 죽어서 백골이 되어도 은혜를 잊을 수 없다는 뜻으로 남의 은혜에 깊이 감사함을 이르는 말.

필수 高校九百漢字

TAEILL's Work Book

오늘의 명언

♣ 사나이 뜻을 세워 집을 나가면 공을 이루지 않고서는 살아서 돌아오지 않으리.

매헌 윤봉길

賞罰	象牙	狀況	生涯	逝去
상벌 : ① 상과 벌. ② 잘한 일에 상을 주고 잘못한 것에는 벌을 주는 것. 예 상벌제도(賞罰制度)	**상아** : 코끼리의 위턱에서 입밖으로 길게 튀어나온 어금니. 예 상아도장(象牙圖章)	**상황** : 어떤 사건 · 일 따위의 되어 가는 형편이나 모양. 예 상황파악(狀況把握)	**생애** : 이 세상에 살아있는 동안. 일생동안. 예 생애최고(生涯最高)	**서거** : 「사거(死去)」의 높임말. 예 선생서거(先生逝去)

賞	罰	象	牙	狀	況	生	涯	逝	去
상줄 상	벌줄 벌	코끼리 상	어금니 아	형상 상	하물며 황	날 생	물가 애	갈 서	갈 거

賞	罰	象	牙	狀	況	生	涯	逝	去

必須 **고교생이 알아야 할 故事成語(고사성어)**

- **白衣從軍(백의종군)** 벼슬함이 없이 또는 군인이 아니면서, 군대를 따라 전쟁에 나감을 이르는 말.
- **百折不屈(백절불굴)** 백번을 꺾어도 굽히지 않다는 말로, 곧 많은 고난을 극복하여 이겨 나감을 이르는 말.

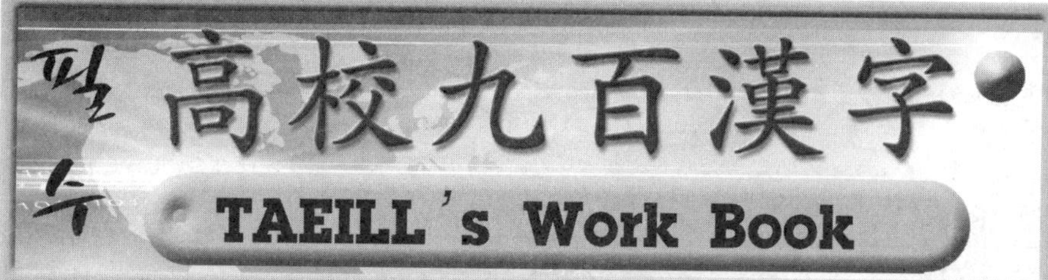

오늘의 명언

♣ 사람이 마음으로 부터 사랑하는 것은 단 한 번 밖에 없다. 그것이 첫 사랑이다.

라 브뤼예르
프랑스 모럴리스트

庶幾	恕諒	徐步	敍述	先輩
서기 : 어느 한도에 매우 가까운 정도. 거의.	**서량** : 사정을 헤아려 용서함. 예 용서혜량(容恕惠諒)	**서보** : 천천히 여유있게 걷는 걸음. 예 서보완행(徐步緩行)	**서술** : 사건 따위의 진술을 차례로 좇아 말함. 예 문장서술(文章敍述)	**선배** : 학문 · 덕행 · 경험 · 연령 등이 자기보다 많거나 나은 사람. 예 학교선배(學校先輩)

庶	幾	恕	諒	徐	步	敍	述	先	輩
여럿 서	몇 기	용서할 서	양해할 량	천천할 서	걸음 보	베풀 서	지을 술	먼저 선	무리 배

庶	幾	恕	諒	徐	步	敍	述	先	輩

必須 고교생이 알아야 할 故事成語(고사성어)

- **富貴浮雲(부귀부운)** 부귀는 뜬 구름과 같다. 부정한 방법으로 지위나 재물을 취하는 것은 뜬 구름과 같다는 뜻.
- **夫唱婦隨(부창부수)** 남편이 부르면 아내가 따르는 것이 부부 화합의 도(道)라는 뜻.

필수 高校九百漢字

TAEILL's Work Book

오늘의 명언

♣ 사랑은 증오보다 고귀하고, 이해는 분노보다 높으며, 평화는 전쟁보다 고귀하다.

헤르만 헤세 / 독일 시인

禪僧	選擇	宣布	攝理	城郭
선승 : ① 선종의 승려. ② 참선하는 승려. 중.	**선택** : 여럿 가운데서 필요한 것을 골라 뽑음. 예 선택과목(選擇科目)	**선포** : 세상에 널리 알림. 예 전쟁선포(戰爭宣布)	**섭리** : ① 병을 잘 조리함. ② 자연계를 지배하는 원리. ③ 하나님의 의지 또는 은혜.	**성곽** : ① 내성과 외성. ② 성과 성의 둘레. 예 성곽주위(城郭周圍)

禪	僧	選	擇	宣	布	攝	理	城	郭
고요할 선	중 승	가릴 선	가릴 택	베풀 선	베 포	끌어잡을 섭	이치 리	재 성	성곽 곽

必須 고교생이 알아야 할 故事成語(고사성어)

- 不顧廉恥(불골염치) 부끄러움과 치욕을 생각하지 않음을 이르는 말.
- 不問可知(불문가지) 묻지 않아도 능히 알 수 있음을 이르는 말.
- 不問曲直(불문곡직) 일의 옳고 그름을 묻지 않고 곧바로 행동이나 말로 들어감.

필수 高校九百漢字

TAEILL's Work Book

오늘의 명언

♣ 사색을 할 동안 인간은 신과 같이 된다. 행동과 욕망에서는 환경의 노예일 뿐이다.

버트런드 아서 윌리엄 러셀
영국철학자

洗濯	細胞	騷亂	蘇聯	掃墳
세탁 : 빨래. 더러운 옷·피륙 따위를 물에 빠는 일. 예 의복세탁(衣服洗濯)	**세포** : 세포질·세포핵으로 구성된 생물체의 구조적·기능적 기본단위. 예 병균세포(病菌細胞)	**소란** : 상황이나 분위기 따위가 어수선하고 시끄러움. 예 분위기소란(雰圍氣騷亂)	**소련** : 러시아의 구정체인 「소비에트 사회주의 공화국 연방」의 준말. 예 소련미국(蘇聯美國)	**소분** : 경사로운 일이 있을 때 조상의 산소를 찾아 제사 지내는 일.

洗	濯	細	胞	騷	亂	蘇	聯	掃	墳
씻을 세	빨 탁	가늘 세	태 포	떠들 소	어지러울 란	깨어날 소	연합할 련	쓸 소	무덤 분

洗 濯 細 胞 騷 亂 蘇 聯 掃 墳

必須 고교생이 알아야 할 故事成語(고사성어)

- 鵬程萬里(붕정만리) 붕새의 날아가는 길이 만리로 트임. 곧 전정(前程)이 아주 멀고도 큼을 이름.
- 非禮勿視(비례물시) 예의에 어긋나는 일은 보지도 말라는 말.
- 非一非再(비일비재) 이같은 일이 한두 번이 아님을 이르는 말.

오늘의 명언

♣ 산다는 것은 곧 고통을 치른다는 것과 같다. 그러므로 성실한 사람일수록 자신에게 이기려고 애를 쓰는 법이다.

보나파르트 나폴레옹

昭詳	訴訟	所謂	疏忽	召還
소상 : 밝고 자세함. 어떤 사건·일 따위의 내막이 자상함. 예 소상보고(昭詳報告)	**소송** : 법률상의 판결 따위를 법원에 요구하는 일. 예 법정소송(法廷訴訟)	**소위** : 이른바. 사람들이 흔히 말하는 바. 예 소위제일(所謂第一)	**소홀** : 예사롭게 여겨서 정성이나 조심이 부족함. 예 대접소홀(待接疏忽)	**소환** : 일을 마치기 전에 불러 돌아오게 함. 예 대사소환(大使召還)

昭	詳	訴	訟	所	謂	疎	忽	召	還
밝을 소	자세할 상	소송할 소	송사할 송	바 소	이를 위	성길 소	홀연 홀	부를 소	돌아올 환

昭 詳 訴 訟 所 謂 疎 忽 召 還

必須 고교생이 알아야 할 故事成語(고사성어)

- 四分五裂(사분오열) 여러갈래로 찢어짐. 어지럽게 분열됨.
- 沙上樓閣(사상누각) 모래위에 세운 다락집. 곧 기초가 약하여 넘어질 염려가 있거나 오래 유지하지 못할 일, 또는 실현 불가능한 일을 비유하는 말.

오늘의 명언

♣ 살아있는 동안 위대했던 사람은 죽은 뒤에는 두배 이상으로 위대해 진다.

토마스 칼라일
영국 비평가.역사가

粟米	頌辭	誦詠	刷新	衰態
속미 : ① 좁쌀. 조의 열매인 쌀. ② 몹시 작은 사물이나 사람을 비유. 예 속미인간(粟米人間)	**송사** : 어떤 사람이 공헌한 바가 커 그 공덕을 기리는 말. 예 공덕송사(功德頌辭)	**송영** : 시가 따위를 읊조림. 시와 노래 따위를 읊조림. 예 시가송영(詩歌誦詠)	**쇄신** : 나쁜 폐단이나 묵은 것을 없애고 새롭게 함. 예 공직쇄신(公職刷新)	**쇠태** : ① 쇠약한 모습이나 상황. ② 쇠퇴(衰退).

粟	米	頌	辭	誦	詠	刷	新	衰	態
조 속	쌀 미	칭송할 송	말씀 사	외울 송	읊을 영	박을 쇄	새 신	쇠할 쇠	모양 태

必須 고교생이 알아야 할 故事成語(고사성어)

- **四通五達(사통오달)** 길이나 교통 · 통신등이 사방으로 막힘없이 통함을 이르는 말.
- **事必歸正(사필귀정)** 어떤 일이든 결국은 올바른 이치대로 됨을 뜻한 말로 반드시 정리(正理)로 돌아감을 이르는 말.

오늘의 명언

♣ 세계는 한권의 책이며, 여행하는 사람들은 그 책의 한 페이지를 읽었을 뿐이다.

아우렐리우스 아우구스티누스 / 로마 철학자

隨伴	搜査	殊常	輸送	垂楊
수반 : ① 붙좇아서 따름. ② 어떤 일과 함께 일어나거나 나타남. 예 부담수반(負擔隨伴)	**수사** : 범인 및 범죄에 관한 증거를 발견하고 수집하는 활동. 예 공개수사(公開搜査)	**수상** : 평상시나 보통과는 달리 이상함. 예 동태수상(動態殊常)	**수송** : 차량 · 선박 · 비행기 따위로 사람이나 물건 등을 실어 보냄. 예 수송차량(輸送車輛)	**수양** : 버드나뭇과의 작은 낙엽 활엽 교목. 가지가 가늘고 늘어지며 잎은 선상 피침형.

隨	伴	搜	査	殊	常	輸	送	垂	楊
따를 수	짝 반	찾을 수	조사할 사	다를 수	항상 상	보낼 수	보낼 송	드리울 수	버들 양

必須 고교생이 알아야 할 故事成語(고사성어)

- **山戰水戰(산전수전)** 산과 물에서의 전투를 다 겪음. 곧 온갖 세상 일에 경험이 아주 많음을 이르는 말.
- **山海珍味(산해진미)** 산과 바다에서 나는 재료로 만든 맛 좋은 음식을 이르는 말. (동)山珍海味(산진해미)

오늘의 명언

♣ 세계의 절반은 나머지 절반이 꿈을 꿀 수 있도록 땀을 흘리고 신음해야 한다.

헨리 워즈워스 롱펠로
미국의 시인

需要	收穫	熟睡	孰若	旬刊
수요 : 구매력이 있는 사람이나 기업이 상품을 구매하려는 욕망. 예 수요공급(需要供給)	**수확** : ① 익은 농산물을 거두어들임. 소출. ② 어떤 일을 하여 얻은 성과. 예 수확성과(收穫成果)	**숙수** : 숙면. 잠이 깊이 듦. 또는 그 잠. 예 숙수수면(熟睡睡眠)	**숙약** : 양쪽을 비교해서 물을 때 쓰이는 의문사.	**순간** : 열흘마다 간행함. 또는 그 간행물. 예 순간발행(旬刊發行)

需	要	收	穫	熟	睡	孰	若	旬	刊
구할 수	중요할 요	거둘 수	거둘 확	익을 숙	잠잘 수	누구 숙	만일 약	열흘 순	펴낼 간

需 要 收 穫 熟 睡 孰 若 旬 刊

必須 고교생이 알아야 할 故事成語(고사성어)

● **三綱五倫(삼강오륜)** 삼강(三綱)은 군신·부자·부부 사이에 지켜야 할 세가지 도리, 오륜(五倫)은 부자 사이의 친애, 군신 사이의 의리, 부부 사이의 분별, 장유 사이의 차례, 친구 사이의 신의를 이르는 다섯 가지 도리를 일러 말함.

오늘의 명언

♣ 세상에서 가장 힘든 일은, 모든 사람이 생각하지 않고 말하는 것을, 생각하면서 말하는 것이다.

알랭 / 프랑스 철학자

瞬間	純綿	殉烈	循次	脣齒
순간 : ① 아주 짧은 동안. 잠깐 동안. ② 어떤 일이 일어난 바로 그 때. 예 순간포착(瞬間捕捉)	**순면** : 「순면직물(純綿織物)」의 준말. 순전히 면사만으로 짠 직물. 예 순면내의(純綿內衣)	**순열** : 충렬(忠烈)을 위하여 목숨을 버림. 또는 그 사람. 예 순국순열(殉國殉烈)	**순차** : 차례를 좇음.	**순치** : 입술과 이. 입술과 치아. 예 순치지세(脣齒之勢)

瞬	間	純	綿	殉	烈	循	次	脣	齒
순간 순	사이 간	순수할 순	솜 면	죽을 순	매울 렬	좇을 순	버금 차	입술 순	이 치

瞬	間	純	綿	殉	烈	循	次	脣	齒

必須 고교생이 알아야 할 故事成語(고사성어)

- 三人成虎(삼인성호) 거리에 범이 나왔다고 여러 사람이 다 함께 말하면 거짓말이라도 참말로 듣는다는 말로, 근거 없는 말이라도 여러 사람이 말하면 진실로 듣는다는 뜻.
- 三尺童子(삼척동자) 신장이 석자에 불과한 자그마한 어린애.

오늘의 명언

♣ 소년기의 이상주의 속에서야말로 인간에게 진리가 인식되는 것이며, 소년기의 이상주의야말로 무엇과도 바꿀 수 없는 인간의 부(富)다.

슈바이처

巡航	昇段	試鍊	侍衛	晨省
순항 : ① 순조롭게 항해함. ② 일 따위가 순조롭게 진행됨. 예 순항항해(巡航航海)	**승단** : 태권도 · 유도 · 바둑 따위의 단수가 오름. 예 승단시험(昇段試驗)	**시련** : ① 의지나 됨됨이 등을 시험하여 봄. ② 겪기 어려운 고난. 예 시련극복(試鍊克服)	**시위** : 임금을 모셔 호위함. 또는 그 사람.	**신성** : 이른 아침 부모님의 침소에 가서 밤새의 안부를 살핌.

巡	航	昇	段	試	鍊	侍	衛	晨	省
순행할 순	배 항	오를 승	층계 단	시험할 시	단련할 련	모실 시	호위할 위	새벽 신	살필 성

巡航昇段試鍊侍衛晨省

必須 고교생이 알아야 할 故事成語(고사성어)

- **桑田碧海(상전벽해)** 뽕나무 밭이 변하여 푸른 바다가 됨. 곧 세상의 모든 일의 덧없이 변화무쌍함을 비유하는 말.
- **塞翁之馬(새옹지마)** 인생의 길흉 · 화복은 변화무쌍하여 예측하기 어렵다는 뜻.

필수 高校九百漢字
TAEILL's Work Book

오늘의 명언

♣ 사랑은 처음만이 유치한 모습으로 확인될 수 있지만 곧 시들고, 우정은 깨어질지언정 시듬이 없다.

필 자

伸縮	實績	雙拳	亞洲	岳丈
신축 : 늘고 줆. 또는 늘이고 줄임. 예 탄력신축(彈力伸縮)	**실적** : 어떤 일에 임하여 실제의 업적과 공적 따위. 예 실적위주(實績爲主)	**쌍권** : 두 주먹. 양쪽 주먹.	**아주** : 「아세아주(亞細亞洲)」의 준말.	**악장** : 아내의 아버지인 장인(丈人)의 경칭. 빙장(聘丈)

伸	縮	實	績	雙	拳	亞	洲	岳	丈
펼 신	줄 축	열매 실	길쌈 적	둘 쌍	주먹 권	버금 아	물가 주	큰산 악	어른 장

伸	縮	實	績	雙	拳	亞	洲	岳	丈

必須 고교생이 알아야 할 故事成語(고사성어)

- **生面不知(생면부지)** 한번도 본일이 없는 사람. 전혀 알지 못한 사람을 이르는 말.
- **先公後私(선공후사)** 우선 공적인 일을 먼저 하고 사적인 일은 뒤로 미룸을 뜻한 말.

오늘의 명언

♣ 습관은 제2의 천성으로 제1의 천성을 파괴한다.

블레즈 파스칼
프랑스 수학자,사상가

押韻	厄禍	掠奪	洋夷	御府
압운 : 시가(詩歌)를 짓는 데 시행의 일정한 자리에 같은 운을 규칙적으로 다는 일. 또는 그 운.	**액화** : 액으로 말미암아 입는 재앙. 예 액화재앙(厄禍災殃)	**약탈** : 폭력을 써서 남의 재물이나 금품 따위를 빼앗음. 예 금품약탈(金品掠奪)	**양이** : 서양 오랑캐라는 뜻으로 서양인에 대한 비칭.	**어부** : 임금의 물건을 넣어 두는 곳집.

押	韻	厄	禍	掠	奪	洋	夷	御	府
수결들 압	운률 운	재앙 액	재앙 화	노략질 략	빼앗을 탈	큰바다 양	오랑캐 이	어거할 어	마을 부

押	韻	厄	禍	掠	奪	洋	夷	御	府

必須 고교생이 알아야 할 故事成語(고사성어)

- **束手無策(속수무책)** 손을 묶은 듯이 계략과 대책이 없음. 곧 어찌할 도리가 없음을 이르는 말.
- **損者三樂(손자삼요)** 인생의 삼요(三樂) 가운데 넘치게 즐기고, 한가함을 즐기고, 주색(酒色)을 즐김은 세가지 손해라는 뜻.

오늘의 명언

♣ 습관의 쇠사슬은 거의 느끼지 못하만큼 가늘다. 그것을 깨달았을 때는 끊을 수 없을 정도로 이미 굳고 단단해져 있다.

린든 베인스 존슨/미정치인

於焉	抑壓	餘暇	輿望	麗謠
어언 :「어언간(於焉間)」의 준말. ㉨ 어언십년(於焉十年)	**억압** : 행동이나 자유 따위를 힘으로 억누름. ㉨ 자유억압(自由抑壓)	**여가** : 겨를. 틈. 일 따위를 하다가 잠시 쉬는 틈. ㉨ 여가선용(餘暇善用)	**여망** : 여러 사람의 기대. ㉨ 국민여망(國民輿望)	**여요** :「고려가요(高麗歌謠)」의 준말.

於	焉	抑	壓	餘	暇	輿	望	麗	謠
어조사 어	어찌 언	누를 억	누를 압	남을 여	겨를 가	수레 여	바랄 망	고울 여	노래 요

於	焉	抑	壓	餘	暇	輿	望	麗	謠

必須 고교생이 알아야 할 故事成語(고사성어)

- **首丘初心(수구초심)** 여우가 죽을 때 머리를 자기가 살던 굴로 향한다는 말로, 고향을 그리워하는 마음을 일컬음.
- **壽福康寧(수복강녕)** 오래 살아 복되며, 몸이 건강하여 평안함을 이르는 말.

오늘의 명언

♣ 시종일관하는 자는 운명을 믿고, 변덕 부리는 자는 요행을 믿는다.

디즈레일리

驛程	蓮根	演壇	鉛糖	戀慕
역정 : ① 역과 역 사이의 이수(里數) · 거리. ② 노정(路程).	**연근** : 연꽃의 땅이나 수중에 묻힌 줄기. 예 연화연근(蓮花蓮根)	**연단** : 강연 · 연설 따위를 하기 위해 사람이 올라설수 있게 만든 단. 예 연설연단(演說演壇)	**연당** : 의약이나 염색에 쓰이는 것으로 일산화납을 묽은 아세트산에 녹여 증발시켜 얻은 아세트산납.	**연모** : 이성을 사랑하여 그리워함. 또는 그리워하는 심정. 예 애정연모(愛情戀慕)

驛	程	蓮	根	演	壇	鉛	糖	戀	慕
역마 역	과정 정	연꽃 련	뿌리 근	연역할 연	단 단	납 연	엿 당	사모할 련	사모할 모

驛	程	蓮	根	演	壇	鉛	糖	戀	慕

必須 고교생이 알아야 할 故事成語(고사성어)

- **修身齊家(수신제가)** 행실을 올바로 닦고 집안을 바로 잡음을 말함.
- **守株待兎(수주대토)** [토끼가 나무 그루에 걸려 죽기를 기다렸다는 고사에서] 주변머리가 없고 융통성이 전혀 없이 구습을 굳게 지키기만 함을 이르는 말.

필수 高校九百漢字
TAEILL's Work Book

오늘의 명언

♣ 실패한 사람이 다시 일어나지 못하는 것은 그 마음이 교만한 까닭이다. 성공한 사람이 그 성공을 유지하지 못하는 것도 역시 교만한 까닭이다. 석가모니

燕尾	憐憫	燃燒	沿岸	閱覽
연미 : ① 제비 꼬리. ② 남자의 서양식 예복의 하나인 「연미복(燕尾服)」의 줄임말.	**연민** : 어떤 사람을 측은지심으로 불쌍하고 가련하게 여김. 예 측은연민(惻隱憐憫)	**연소** : ① 불이 붙어 탐. ② 물질이 산소와 화합할 때 다량의 열과 빛을 발하는 현상.	**연안** : ① 강·바다 또는 호수에 연한 물가. ② 물가에 연하여 있는 지방. 예 동해연안(東海沿岸)	**열람** : 책이나 문서·자료 따위를 열어보거나 조사하여 봄. 예 문서열람(文書閱覽)

燕	尾	憐	憫	燃	燒	沿	岸	閱	覽
제비 연	꼬리 미	가엾을 련	불쌍할 미	불탈 연	불사를 소	연안 연	언덕 안	볼 열	볼 람

燕 尾 憐 憫 燃 燒 沿 岸 閱 覽

必須 고교생이 알아야 할 故事成語(고사성어)

- **脣亡齒寒(순망치한)** 입술이 없어지면 이가 시리다는 뜻으로, 곧 서로 이웃한 사람중에서 한 사람이 망하면 다른 한 사람에게도 영향이 큼을 이르는 말.
- **順天者存(순천자존)** 하늘의 뜻에 따르는 사람은 살아남음을 이르는 말.

오늘의 명언

♣ 아버지는 아들의 덕을 말하지 않고, 아들은 아버지의 허물을 말하지 않아야 한다.

명심보감

鹽析	廉恥	獵銃	嶺南	迎賓
염석 : 화학용어로 유기물질의 용액에 가용성 염류를 넣어 그 물질에 녹아 있는 물질을 뽑아내는 일.	**염치** : 청렴하고 깨끗하여 부끄러움을 아는 마음. 예 염치불구(廉恥不拘)	**엽총** : 사냥총. 사냥에 쓰이는 총. 예 엽총성능(獵銃性能)	**영남** : 조령의 남쪽인 경상남북도. 예 영남지방(嶺南地方)	**영빈** : 귀한 손님을 맞음. 특히, 국빈 등을 맞음. 예 영빈관(迎賓館)

鹽	析	廉	恥	獵	銃	嶺	南	迎	賓
소금 염	쪼갤 석	청렴할 렴	부끄러울 치	사냥할 렵	총 총	재 령	남녘 남	맞을 영	손 빈

鹽	析	廉	恥	獵	銃	嶺	南	迎	賓

必須 고교생이 알아야 할 故事成語(고사성어)

- **時雨之化(시우지화)** 비가 알맞은 때에 내려 자연히 풀과 나무를 잘 자라게 함을 이르는 말.
- **始終如一(시종여일)** 처음과 나중에 한결같이 변함이 없음을 말함.

필수 高校九百漢字

TAEILL's Work Book

오늘의 명언

♣ 아아, 청춘! 사람은 그것을 한때만 누릴뿐 나머지 시간은 그것을 애상으로 추억할 뿐이다.

앙드레 폴 기욤 지드
프랑스 소설가

榮譽	零下	影響	映畵	銳敏
영예 : 영광스런 명예. 예 합격영예(合格榮譽)	**영하** : 온도계의 온도가 0℃이하. 예 영하일기(零下日氣)	**영향** : 한 가지 사물로 인해 다른 사물에 미치는 결과. 예 영향력행사(影響力行使)	**영화** : 촬영된 영상을 영사기로 재현하는 종합 예술. 시네마. 예 영화관람(映畵觀覽)	**예민** : 재지 · 감각 · 행동 따위가 날카롭거나 민첩함. 예 예민반응(銳敏反應)

榮	譽	零	下	影	響	映	畵	銳	敏
영화 영	명예 예	떨어질 령	아래 하	그림자 영	울릴 향	비칠 영	그림 화	날카로울 예	민첩할 민

必須 고교생이 알아야 할 故事成語(고사성어)

- **信賞必罰(신상필벌)** 공이 있는 사람에게는 필히 상을 주고, 죄가 있는 사람에게는 반드시 벌을 줌. 곧 상벌을 엄정히 하는 일을 말함.
- **身言書判(신언서판)** 인물을 선정하는 기준으로 삼던 네가지 조건. 곧 신수와 말씨와 글씨와 판단력을 말함.

오늘의 명언

♣ 어떠한 일이든지 참아낼 수 있는 사람은 무슨 일이든지 해낼수가 있다. 인내는 인간이 가질수 있는 미덕이기도 하다. **마르틴 루터** 독일의 종교개혁가

隷屬	豫審	傲氣	娛樂	汚染
예속 : 윗사람이나 상부에 매여 있는 아랫사람이나 하부조직 ⓔ 예하예속(隷下隷屬)	**예심**: 본 심사에 앞서서 미리 하는 심사. ⓔ 예심통과(豫審通過)	**오기** : ① 남에게 지기 싫어하는 마음. ② 잘난 체하는 기운. ⓔ 오만오기(傲慢傲氣)	**오락** : 쉬는 시간에 여러 가지 방법으로 기분을 즐겁게 하는 일. ⓔ 오락시간(娛樂時間)	**오염** : ① 더럽게 물듦. ② 환경·정신 따위가 다른 매개로 인해 훼손되는 것. ⓔ 환경오염(環境汚染)

隷	屬	豫	審	傲	氣	娛	樂	汚	染
종 례	붙을 속	미리 예	살필 심	거만할 오	기운 기	즐거울 오	즐길 락	더러울 오	물들일 염

隷	屬	豫	審	傲	氣	娛	樂	汚	染

必須 고교생이 알아야 할 故事成語(고사성어)

- **十年知己(십년지기)** 오래전부터 절친하게 사귀어 온 친구를 이르는 말.
- **十匙一飯(십시일반)** 열사람이 한 술씩 보태면 한 사람 분의 분량이 된다는 뜻으로, 여러사람이 힘을 합하면 한 사람을 구제하기가 쉽다는 말.

필수 高校九百漢字

TAEILL's Work Book

오늘의 명언

♣ 어떻게 인간답게 삶을 영위해야 하는 것을 배우는 데는 자신의 일생을 필요로 한다.

루시우스 아나에우스 세네카
로마 철학자

嗚呼	獄囚	溫床	翁姑	擁護
오호 : 슬플 때나 탄식할 때 내는 소리.	**옥수** : 옥에 갇힌 죄수. 교도소에 수감된 죄수.	**온상** : 인공적으로 따뜻하게 온도를 올려 식물을 촉성 재배하는 묘상. 예 온상재배(溫床栽培)	**옹고** : 시아버지와 시어머니.	**옹호** : 부축하여 보호하거나 편을 들어 보호하기 위해 지킴. 예 인권옹호(人權擁護)

嗚	呼	獄	囚	溫	床	翁	姑	擁	護
탄식할 오	부를 호	감옥 옥	가둘 수	따뜻할 온	평상 상	늙은이 옹	시어미 고	안을 옹	보호할 호

嗚	呼	獄	囚	溫	床	翁	姑	擁	護

必須 고교생이 알아야 할 故事成語(고사성어)

- **眼下無人(안하무인)** 눈 아래 사람이 없다는 말로 곧 교만하여 사람들을 아래로 보고 업신여김을 말함.
- **藥房甘草(약방감초)** ①무슨 일에나 끼여듦. ②무슨 일에나 반드시 끼어야 할 필요한 것을 말함.

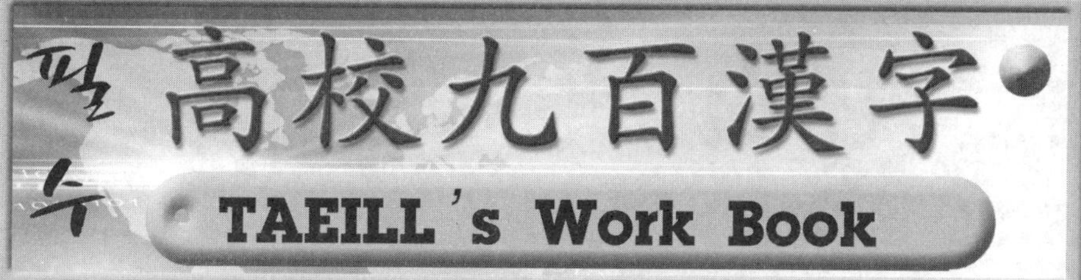

오늘의 명언

♣ 언제나 정의를 행하라. 이것은 많은 사람들을 기쁘게 할 것이며, 그밖의 사람들을 놀라게 할 것이다.

마크 트웨인 / 미국작가

完了	王妃	緩衝	畏敬	搖動
완료 : 어떤 작업이나 일 따위를 완전히 끝을 냄. ⓔ 준비완료(準備完了)	**왕비** : 임금의 아내. 왕후(王后). ⓔ 왕비책봉(王妃冊封)	**완충**: 둘 사이의 불화·충돌이나 극성스런 세력을 완하시킴. ⓔ 완충지역(緩衝地域)	**외경** : 공경하고 두려워함. 경외(敬畏).	**요동** : 사물이나 마음 따위가 흔들리어 움직임. 흔들림. ⓔ 좌우요동(左右搖動)

完	了	王	妃	緩	衝	畏	敬	搖	動
완성할 완	마칠 료	임금 왕	왕비 비	느릴 완	찌를 충	두려울 외	공경 경	흔들 요	움직임 동

完	了	王	妃	緩	衝	畏	敬	搖	動

必須 고교생이 알아야 할 故事成語(고사성어)

- **弱肉强食(약육강식)** 약한쪽이 강한 쪽에게 먹히는 자연 현상을 말함.
- **羊頭狗肉(양두구육)** 양의 대가리를 내어놓고 개고기로 판다는 말로 곧 겉으로는 훌륭하게 내세우나 속은 음흉한 생각을 품고 있다는 뜻.

오늘의 명언

♣ 여행이란 젊은이들에게는 교육의 일부이며 연장자들에게겐 경험의 일부이다.

프란시스 베이컨
영국 정치가

遙遠	腰折	料亭	庸劣	愚鈍
요원 : 목적 · 희망 · 소원 따위가 아직 아득히 멂. 예 소원요원(所願遙遠)	**요절** : 너무 우스워 허리가 부러질 듯함. 예 요절복통(腰折腹痛)	**요정** : 요릿집. 객실을 갖추고 요리나 술 따위를 파는 요릿집. 예 고급요정(高級料亭)	**용렬** : 평범하고 수준이 보통보다 못함. 예 처사용렬(處事庸劣)	**우둔** : 머리가 둔하고 어리석음. 예 두뇌우둔(頭腦愚鈍)

遙	遠	腰	折	料	亭	庸	劣	愚	鈍
멀 요	멀 원	허리 요	꺾을 절	헤아릴 료	정자 정	떳떳할 용	용렬할 렬	어리석을 우	무딜 둔

遙	遠	腰	折	料	亭	庸	劣	愚	鈍

必須 고교생이 알아야 할 故事成語(고사성어)

● **梁上君子(양상군자)** 후한(後漢)의 진 식이 들보 위에 숨어 있는 도둑을 가리켜 양상의 군자라 한 데서 온 말.

● **良藥苦口(양약고구)** 효험이 좋은 약은 입에 쓰다는 말로, 충직한 말은 듣기는 싫으나 받아들이면 자신에게 이롭다는 뜻.

필수 高校九百漢字

TAEILL's Work Book

오늘의 명언

♣ 연애에서 가질 수 있는 행복은 사랑하는 여자의 손을 처음으로 잡아보는 것이다.

스탕달 / 프랑스 소설가

優雅	羽翼	郵票	元旦	委付
우아 : ① 점잖고 아담함. ② 고상하고 기품이 있음. 예 세련우아(洗練優雅)	**우익** : ① 새의 날개. ② 윗분을 보좌하는 일. 예 우익보좌(羽翼補佐)	**우표** : 우편 요금을 납부한 표시로 우편물에 붙이는 정부 발행의 증표. 예 우표수집(郵票蒐集)	**원단** : 설날 아침. 원조. 예 원조원단(元朝元旦)	**위부** : ① 맡겨 부탁함. ② 맡겨 건넴. 예 행상위부(海商委付)

優	雅	羽	翼	郵	票	元	旦	委	付
넉넉할 우	아담할 아	깃 우	날개 익	우편 우	표 표	으뜸 원	아침 단	맡길 위	줄 부
優	雅	羽	翼	郵	票	元	旦	委	付

必須 고교생이 알아야 할 故事成語(고사성어)

- **魚頭肉尾(어두육미)** 생선은 머리, 짐승은 꼬리 부분이 맛이 좋다는 말.
- **漁父之利(어부지리)** 도요새와 무명조개가 다투는 틈을 타서 둘 다 잡은 어부처럼, 당사자간 싸우는 틈에 제삼자가 이득을 본다는 말.
- **養虎遺患(양호유환)** 화근을 길러 근심을 사는 것을 일컫는 말.

오늘의 명언

♣ 예술가는 고독한 늑대이다. 동료가 그를 황야에 내쫓는 것은 그를 위해서 좋은 일이다. 자기 만족은 예술가를 멸망시키는 것이기에.

윌리엄 서머싯 몸 / 영국 작가

胃痛	僞幣	違憲	悠久	幽冥
위통 : 위의 아픔. 위가 아픈 증세. 예 위통증세(胃痛症勢)	**위폐** : 위조한 화폐나 지폐. 예 위조지폐(僞造紙幣)	**위헌** : 법률 · 규칙 · 국무 따위의 행위 · 절차 · 처분 등이 헌법 조항이나 정신에 위반되는 일.	**유구** : 역사 · 전통 따위가 길고 오램. 유원함. 예 유구역사(悠久歷史)	**유명** : ① 저승. 사람이 죽은 뒤 그 혼령이 가서 산다는 세상. ② 그윽하고 어두움,

胃	痛	僞	幣	違	憲	悠	久	幽	冥
밥통 위	아플 통	거짓 위	화폐 폐	어길 위	법 헌	멀 유	오랠 구	그윽할 유	어두울 명

胃	痛	僞	幣	違	憲	悠	久	幽	冥

必須 고교생이 알아야 할 故事成語(고사성어)

- 語不成說(어불성설) 말이 조금도 사리에 맞지 아니함을 이르는 말.
- 言語道斷(언어도단) 말문이 막힌다는 뜻으로 너무 어이없어서 말할래야 말할 수 없음을 이름.
- 言中有骨(언중유골) 예사로운 말 속에도 뼈 같은 속 뜻이 있다는 말.

오늘의 명언

♣ 옛날, 인간은 노예가 될 위험이 있었다. 그러나, 미래의 위험은 인간이 로봇이 되는 일이다.

에리히 프롬 / 독일 사회학자

有耶	維持	流暢	乳臭	誘惑
유야 : 「유야무야(有耶無耶)」의 앞절. 있는지 없는지 흐지부지하게 처리한다는 뜻.	**유지** : ① 지탱하여 감. ② 지니어 감. ③ 견디어 냄. 예 생계유지(生計維持)	**유창** : 일을 하거나 글이나 말 따위가 물흐르듯이 거침이 없음. 예 언변유창(言辯流暢)	**유취** : 젖에서 나는 냄새. 젖내. 예 유취유치(乳臭幼稚)	**유혹** : 남을 꾀어서 그릇된 마음을 품게 하거나 나쁜 행동을 하게 함. 예 여자유혹(女子誘惑)

有	耶	維	持	流	暢	乳	臭	誘	惑
있을 유	어조사 야	이을 유	가질 지	흐를 유	화창할 창	젖 유	냄새 취	꾀일 유	의혹 혹

有	耶	維	持	流	暢	乳	臭	誘	惑

必須 고교생이 알아야 할 故事成語(고사성어)

- **易地思之(역지사지)** 서로 입장을 바꾸어 놓고 상대의 입장이 되어 생각함을 이름.
- **連絡杜絶(연락두절)** 오고 감이 끊겨서 교통을 계속 지속할 수 없음을 이르는 말.

필수 高校九百漢字

TAEILL's Work Book

오늘의 명언

♣ 오랫동안 사색하고 있는 사람이 언제나 최선의것을 선택한다고는 할 수 없는 것이다.

요한 볼프강 폰 괴테
독일 문호

輪作	潤澤	隆盛	隱蔽	凝固
윤작 : ① 돌려짓기. ② 같은 주제와 소재로 여러 작가가 돌아가며 작품을 씀. 반 연작(連作)	**윤택** : ① 윤기 있는 광택. ② 재물이 넉넉하여 살림이 풍족함. 예 생활윤택(生活潤澤)	**융성** : 어떤 세력이나 유행 따위가 대단히 번성함. 예 국운융성(國運隆盛)	**은폐** : 사물이나 몸을 가리어 숨김. 덮어서 감춤. 예 은폐엄폐(隱蔽掩蔽)	**응고** : ①엉겨 뭉쳐서 딱딱하게 됨. ② 액체나 기체가 고체로 되는 현상. 예 혈액응고(血液凝固)

輪	作	潤	澤	隆	盛	隱	蔽	凝	固
바퀴 륜	지을 작	젖을 윤	못 택	성할 륭	성할 성	숨을 은	가릴 폐	엉길 응	굳을 고

輪	作	潤	澤	隆	盛	隱	蔽	凝	固

必須 고교생이 알아야 할 故事成語(고사성어)

- 緣木求魚(연목구어) 나무 위에서 고기를 구한다는 뜻으로, 안될 일을 무리하게 하려고 한다는 뜻.
- 榮枯盛衰(영고성쇠) 번영하여 융성함과 말라서 쇠잔해 짐을 이르는 말.

오늘의 명언

♣ 우리가 세운 목적이 그른 것이라면 언제든지 실패할 것이요, 우리가 세운 목적이 옳은 것이면 언제든지 성공할 것이다.
도산 안창호 / 독립운동가

疑懼	宜當	依賴	衣裳	異域
의구: 의심하고 두려워함. 예 의혹의구(疑惑疑懼)	**의당**: ① 마땅히. 으레이. ② 마땅함. 아주 당연함. 예 의당정당(宜當正堂)	**의뢰**: ① 남에게 의지함. ② 남에게 부탁함. 예 협조의뢰(協助依賴)	**의상**: ① 겉에 입는 옷. ② 배우 · 무용수 등의 연기를 위한 무대 옷. 예 유행의상(流行衣裳)	**이역**: ① 다른 나라의 땅. ② 멀리 떨어진 다른 곳. 예 이역만리(異域萬里)

疑	懼	宜	當	依	賴	衣	裳	異	域
의심할 의	두려울 구	마땅 의	마땅할 당	의지할 의	의뢰할 뢰	옷 의	치마 상	다를 이	지경 역

疑	懼	宜	當	依	賴	衣	裳	異	域

必須 고교생이 알아야 할 故事成語(고사성어)

- **五里霧中(오리무중)** 짙은 안개 속에서 길을 찾기 어려움과 같이, 어떤일에 대하여 알길이 없음을 일컫는 말.
- **吾鼻三尺(오비삼척)** 내코가 석 자라는 뜻. 곧 자기의 곤궁이 심하여 남의 사정을 돌아볼 겨를이 없음을 일컫는 말.

오늘의 명언

♣ 우리는 어떠한 지배자 밑에 있는 것이 아니다. 자기 정신의 지배하에 있다. 자기 힘으로 하라!

루시우스 아나에우스 세네카 로마철학자

履踐	泥土	忍耐	隣邦	姻戚
이천 : 실행함. 이행. 예 이행실천(履行實踐)	**이토** : ① 진흙. 빛깔이 붉고 차진 흙. ② 질척질척 짓이겨진 흙.	**인내** : 괴로움이나 어려움을 참고 견딤. 예 인고감래(忍苦堪耐)	**인방** : 이웃 나라. 주변 국가. 예 선린방국(善隣邦國)	**인척** : 혈연관계는 없으나 혼인으로 맺어진 친족. 예 친족인척(親族姻戚)

履	踐	泥	土	忍	耐	隣	邦	姻	戚
밟을 리	밟을 천	진흙 니	흙 토	참을 인	견딜 내	이웃 린	나라 방	혼인할 인	친척 척

履	踐	泥	土	忍	耐	隣	邦	姻	戚

必須 고교생이 알아야 할 故事成語(고사성어)

- **烏飛梨落(오비이락)** 까마귀 날자 배 떨어진다는 뜻으로 곧 우연한 일에 남으로부터 혐의를 받게 됨을 가리키는 말.
- **烏飛一色(오비일색)** 날고 있는 까마귀가 모두 같은 색깔이라는 뜻으로, 모두 같은 종류 또는 피차 똑같음을 의미하는 말.

오늘의 명언

♣ 우리 속에 존재하는 모든 것은 동일하다. 삶과 죽음, 깨어있음과 잠, 젊음과 늙음.

헤라클레이토스
고대 그리스 철인

一般	賃貸	刺傷	姿勢	紫雲
일반 : ① 특정인이 아닌 보통 사람들. ② 어떤 공통되는 요소가 전체에 두루 미치고 있는 일.	**임대** : 돈을 받고 자기 물건을 남에게 빌려 줌. ⓔ 임대계약(賃貸契約)	**자상** : 칼 따위의 기물에 찔리거나 찔린 상처. ⓔ 자상흔적(刺傷痕跡)	**자세** : ① 몸을 움직이거나 가누는 모양. ② 사물을 대할 때의 마음가짐. ⓔ 자세교정(姿勢矯正)	**자운** : ① 자줏빛 구름. ② 상스러운 구름. ⓔ 상서자운(祥瑞紫雲)

一	般	賃	貸	刺	傷	姿	勢	紫	雲
한 일	일반 반	품삯 임	빌릴 대	찌를 자	상할 상	맵시 자	세력 세	자주빛 자	구름 운

一 般 賃 貸 刺 傷 姿 勢 紫 雲

必須 고교생이 알아야 할 故事成語(고사성어)

- **屋上架屋(옥상가옥)** 지붕위에 또 지붕을 얹음을 뜻한 말로 곧 있는 위에 부질없이 거듭함을 이르는 말.
- **玉石俱焚(옥석구분)** 옥과 돌이 함께 탄다는 뜻. 곧 나쁜 사람이나 좋은 사람이나 다같이 재앙을 당함을 비유해서 하는 말.

필수 高校九百漢字
TAEILL's Work Book

오늘의 명언

♣ 우리의 육체는 우리의 정원이며, 우리의 의지는 이 정원의 정원사이다.

윌리엄 셰익스피어
영국 극작가

資源	殘黨	暫時	潛泳	雜費
자원 : 기술의 발전에 따라 생산에 이용되는 여러 가지 물자. 특히 자연에 의해 주어지는 것.	**잔당** : 쳐서 없애고 남은 도둑이나 악당의 무리. ⓔ 잔당준동(殘黨準同)	**잠시** : 「잠시간」의 준말. ⓔ 잠시휴식(暫時休息)	**잠영** : 몸을 물 위로 드러내지 아니하고 물속에서만 헤엄치는 「잠수영법」의 준말.	**잡비** : 이곳저곳 필요 부분에 잡다하게 쓰는 비용. ⓔ 잡비충당(雜費充當)

資	源	殘	黨	暫	時	潛	泳	雜	費
재물 자	근원 원	남을 잔	무리 당	잠깐 잠	때 시	잠길 잠	헤엄칠 영	섞일 잡	비용 비

資	源	殘	黨	暫	時	潛	泳	雜	費

必須 고교생이 알아야 할 故事成語(고사성어)

- **樂山樂水(요산요수)** 산을 즐기고, 물을 즐긴다는 뜻으로 산수를 좋아함을 이르는 말.
- **燎原之火(요원지화)** 거세게 타는 벌판의 불길이라는 뜻으로, 미처 방비 할 사이 없이 퍼지는 세력을 형용하는 말.

오늘의 명언

♣ 육체의 활동은 정신적 고뇌를 해방시킨다. 또 가난한 사람을 행복하게 만들어 준다.

프랑수아 드 라 로슈푸코
프랑스 사상가

奬勵	障壁	帳簿	裝飾	葬儀
장려 : 어떤 유익한 일 따위를 권하여 북돋아 줌. 예 저축장려(貯蓄奬勵)	**장벽** : ① 밖을 가려 막는 벽. ② 벽으로 가린 것처럼 어떤 일에 방해되는 것. 예 무역장벽(貿易障壁)	**장부** : 금품의 수입과 지출을 기록하는 책. 예 장부기재(帳簿記載)	**장식** : 건물이나 실내 · 기구 따위를 치장하여 꾸밈. 또는 그 꾸밈새. 예 실내장식(室內裝飾)	**장의** : 장례. 장사 지내는 예절이나 예법. 예 장의절차(葬儀節次)

奬	勵	障	壁	帳	簿	裝	飾	葬	儀
권장할 장	힘쓸 려	막을 장	벽 벽	휘장 장	장부 부	꾸밀 장	꾸밀 식	장사지낼 장	거동 의

奬	勵	障	壁	帳	簿	裝	飾	葬	儀

必須 고교생이 알아야 할 故事成語(고사성어)

- **欲速不達(욕속부달)** 일을 너무 성급히 하려고 하면 도리어 이루기 어려움을 의미한 말.
- **龍頭蛇尾(용두사미)** 용의 머리와 뱀의 꼬리라는 뜻으로 곧 처음은 그럴듯하다가 나중엔 흐지부지함을 말함.

오늘의 명언

♣ 이별의 뼈아픔을 맛봄으로써만이 사랑의 심연을 들여다 볼 수 있다.

조지 엘리엇
영국의 여류소설가

災殃	抵觸	滴露	摘芽	專恣
재앙 : 천재지변으로 말미암은 불행한 사고. 예 재앙액운(災殃厄運)	**저촉** : ① 서로 부딪힘. ② 법률·규칙 등에 위반되거나 거슬림. 예 행위저촉(行爲抵觸)	**적로** : 방울지어 떨어지는 이슬. 예 적로허무(滴露虛無)	**적아** : 농작물의 새싹을 골라 필요하지 않은 잎을 따버리는 것. 예 적아시기(摘芽時期)	**전자** : 거리낌 없이 제 마음대로 함부로 하는 태도가 있음.

災	殃	抵	觸	滴	露	摘	芽	專	恣
재앙 재	재앙 앙	막을 저	닿을 촉	물방울 적	이슬 로	딸 적	싹 아	오로지 전	방자할 자

災	殃	抵	觸	滴	露	摘	芽	專	恣

必須 고교생이 알아야 할 故事成語(고사성어)

- **優柔不斷(우유부단)** 연약해서 망설이기만 하고 결단력이 부족하여 끝을 맺지 못함을 이르는 말.
- **牛耳讀經(우이독경)** '쇠귀에 경 읽기'란 뜻으로 가르치고 일러 주어도 알아 듣지 못함을 비유하는 말. (동) 우이송경(牛耳誦經).

오늘의 명언

♣ 이 시대에는 진리는 막연하고 허위는 확실시되어 있으므로 사람은 진리를 사랑하지 아니하고는 진리를 알 수 없다.

파스칼 / 프랑스 수학자

轉載	絶叫	竊盜	占據	漸進
전재 : 한 군데에 내었던 글을 다른 데로 옮겨 실음. 예 무단전재(無斷轉載)	**절규** : 힘을 다해 애타게 부르짖음. 예 절규통곡(絶叫痛哭)	**절도** : 남의 재물 따위를 훔침. 또는 그 사람. 예 상습절도(常習竊盜)	**점거** : ① 차지하여 자리 잡음. ② 다른 나라 영토를 자기 나라의 군사적 지배하에 둠.	**점진** : 차차 앞으로 나아감. 또는 점점 발전함. 예 점진발전(漸進發展)

轉	載	絶	叫	竊	盜	占	據	漸	進
구를 전	실을 재	끊을 절	부르짖을 규	도둑 절	도둑 도	점칠 점	의거할 거	차차 점	나아갈 진

轉	載	絶	叫	竊	盜	占	據	漸	進

必須 고교생이 알아야 할 故事成語(고사성어)

- **遠交近攻(원교근공)** 중국 전국 시대 위(魏)나라 범수가 주장한 외교 정책으로 먼 곳에 있는 나라와 우호 관계를 맺고 가까이 있는 나라를 하나씩 쳐들어 가는 병법을 이르는 말.
- **危機一髮(위기일발)** 조금이라도 방심할 수 없는 위급한 순간을 이름.

필수 高校九百漢字

TAEILL's Work Book

오늘의 명언

♣ 인간은 모방적인 동물이다. 이 특질은 인간의 모든 교육의 근원이다. 요람에서 무덤까지 인간은 남이 하는 것을 보고 그대로 하기를 배운다. **토머스 제퍼슨**

征途	頂峯	訂正	整齊	提供
정도 : ① 정벌하러 가는 길. ② 여행하는 길. 예 정벌정도(征伐征途)	**정봉** : 봉정. 산봉우리의 맨 꼭대기. 예 백두정봉(白頭頂峯)	**정정** : 글이나 글자 따위의 틀린 곳을 고쳐 바로잡음. 예 문자정정(文字訂正)	**정제** : ① 정돈하여 가지런히 함. ② 의관 따위를 단정히 입음. 예 의관정제(衣冠整齊)	**제공** : 바치어 이바지함. 돈이나 자료 따위를 쓰라고 줌. 예 자료제공(資料提供)

征	途	頂	峯	訂	正	整	齊	提	供
칠 정	길 도	정수리 정	봉우리 봉	바로잡을 정	바를 정	정돈할 정	가지런할 제	들 제	이바지 공

征	途	頂	峯	訂	正	整	齊	提	供

必須 고교생이 알아야 할 故事成語(고사성어)

- **有口無言(유구무언)** 입은 있으나 말이 없다는 뜻으로, 변명할 말이 없거나 변명을 못함을 이르는 말.
- **唯我獨尊(유아독존)** 세상에서 내가 제일 높다는 말로, 자기 혼자만 잘난 체하는 태도를 이르는 말.

오늘의 명언

♣ 인간을 자유롭고 고상하게 살지 못하게 하는 것은 다른 무엇보다도, 소유에 대한 집착이다.

버트런드 아서 윌리엄 러셀
영국의 철학자

際涯	條件	租稅	燥濕	弔慰
제애 : ① 끝 닿는 곳. ② 넓고 큰 물의 맨 가. 예 제애해변(際涯海邊)	**조건** : ① 내놓은 요구나 견해. ② 어떤 사물의 성립 유무를 위해 갖추어야 할 요소. 예 조건부(條件附)	**조세** : 국가·지방 자치 단체가 필요한 경비를 위해 국민으로부터 징수하는 세금. 예 조세법(租稅法)	**조습** : 바싹 마름과 축축히 젖음. 건조함과 습함. 예 일기조습(日氣燥濕)	**조위** : 죽은 사람을 조상(弔喪)하고 유족을 위문함. 예 조위부조(弔慰扶助)

際	涯	條	件	租	稅	燥	濕	弔	慰
즈음 제	물가 애	가지 조	사건 건	세금 조	세금 세	마를 조	젖을 습	조상할 조	위로할 위

際	涯	條	件	租	稅	燥	濕	弔	慰

必須 고교생이 알아야 할 故事成語(고사성어)

- **流言蜚語(유언비어)** 아무 근거 없이 널리 퍼진 뜬소문이나 소란을 목적으로, 또는 남을 모략하려고 세상에 퍼뜨린 낭설을 이르는 말.
- **類類相從(유유상종)** 같은 무리끼리 서로 오가며 친하게 사귐을 말함.

필수 高校九百漢字

TAEILL's Work Book

오늘의 명언

♣ 인생은 살 가치가 있다는 것, 그것이 모든 예술의 궁극적 내용이고 위안이다.

헤르만 헤세 / 독일 시인

朝廷	照準	組織	族譜	種類
조정 : 옛날 임금이 나라의 정치를 의논 또는 집행하던 곳. 예 조정대신(朝廷大臣)	**조준** : 발사하는 탄환 따위가 목표에 명중하도록 총이나 화포의 방향을 잡아 겨냥하는 일.	**조직** : ① 얽어서 만듦. ② 생물의 세포의 집단. ③ 어떤 목적을 달성하기 위하여 단체나 집합체를 이룸.	**족보** : ① 한 가문의 계통과 혈통 관계를 기록한 책. ② 한 가문의 계통과 혈통 관계.	**종류** : ① 사물의 부분을 나누는 갈래. ② 어떤 기준에 따라 나눈 갈래. 예 종류특별(種類特別)

朝	廷	照	準	組	織	族	譜	種	類
아침 조	조정 정	비칠 조	법도 준	짤 조	짤 직	겨레 족	계보 보	씨 종	무리 류

朝	廷	照	準	組	織	族	譜	種	類

必須 고교생이 알아야 할 故事成語(고사성어)

- **陰德陽報(음덕양보)** 남 모르게 덕을 쌓은 사람은 뒤에 남들이 알게 보답을 받는다는 뜻.
- **吟風弄月(음풍농월)** 맑은 바람과 밝은 달을 벗삼아 시를 읊으며 즐겁게 지내는 것을 말함.

오늘의 명언

♣ 인생에게 종말이 없었다면 누가 자기 운명에 절망할 것인가. 죽음은 비운을 더없이 괴로운 것으로 만든다.

보브나르그
프랑스 모럴리스트

宗廟	縱橫	座標	鑄鋼	株券
종묘 : 조선 시대, 역대 제왕의 위패를 모시던 제왕가의 사당. 예 종묘사직(宗廟社稷)	**종횡** : ① 세로와 가로. ② 거침없거나 자유자재임을 비유한 말. 예 종횡무진(縱橫無盡)	**좌표** : 어떤 위치나 점의 자리를 나타내는 데에 표준이 되는 표. 예 좌표선상(座標線上)	**주강** : 정련하여 거푸집에 넣어 주조한 후 열처리를 하여 재질을 개량한 강철을 말함.	**주권** : 주주의 출자에 대하여 교부하는 주식. 유가증권. 예 주식주권(株式株券)

宗	廟	縱	橫	座	標	鑄	鋼	株	券
마루 종	사당 묘	세로 종	가로 횡	자리 좌	표할 표	부을 주	강철 강	그루 주	문서 권

宗	廟	縱	橫	座	標	鑄	鋼	株	券

必須 고교생이 알아야 할 故事成語(고사성어)

- **以卵擊石(이란격석)** 계란으로 바위치기란 말로 곧 약한 것으로 강한 것을 당해 내려는 어리석음을 이르는 말.
- **以心傳心(이심전심)** 말이나 글에 의하지 않고 마음과 마음으로 전달됨을 말함. (비) 心心相印(심심상인)

오늘의 명언

♣ 인생은 그것을 느끼는 사람에게는 비극적인 것이고, 인생을 생각하는 사람에게는 희극인 것이다.

라 브뤼예르
프랑스 모럴리스트

周旋	奏裁	柱礎	州縣	遵守
주선 : ① 일이 잘되도록 이리저리 힘씀. ② 제삼국이 외교분쟁 따위의 분쟁 당사국 간의 교섭을 원조함.	**주재** : 임금이나 상급 기관·정부에 상주하여 어떤 사안의 재가를 청함.	**주초** : 기둥 밑에 괴는 돌맹이 따위인 「주추」의 한자 음역. 예 건물주초(建物柱礎)	**주현** : 옛날 상고 시대, 지방 행정 구역으로써의 주와 현.	**준수** : 규칙·명령 따위를 그대로 좇아서 지킴. 예 법률준수(法律遵守)

周	旋	奏	裁	柱	礎	州	縣	遵	守
두루 주	돌 선	아뢸 주	마를 재	기둥 주	주춧돌 초	고을 주	고을 현	따를 준	지킬 수

周	旋	奏	裁	柱	礎	州	縣	遵	守

必須 **고교생이 알아야 할 故事成語(고사성어)**

- **二律背反(이율배반)** 서로 모순되는 두 명제가 동등한 권리로 주장되는 일을 말함.
- **益者三友(익자삼우)** 사귀어 유익한 세 벗. 곧 정직한 사람, 신의 있는 사람, 학식있는 사람을 이르는 말.

오늘의 명언

♣ 중요한 것은 어떤 책, 어떤 경험을 사람이 지녀야 하는가가 아니라, 그런 책들이나 경험 가운데 자신의 무엇을 주입하느냐의 문제다.
헨리 밸런타인 밀러

俊逸	仲介	中央	憎惡	贈呈
준일 : 재능이 뛰어남. 또는 그런 사람.	**중개** : 제삼자로서 두 당사자간의 쌍방 사이에 서서 일 따위를 주선함. 예 중개주선(仲介周旋)	**중앙** : ① 사방의 중심이 되는 곳. ② 중심이 되는 요긴한 곳. 예 중앙수도(中央首都)	**증오** : 어떤 사람을 악연 따위로 인해 몹시 미워함. 예 악녀증오(惡女憎惡)	**증정** : 남에게 물건 · 상품 따위를 드림. 예 기념품증정(紀念品贈呈)

俊	逸	仲	介	中	央	憎	惡	贈	呈
준걸 준	숨을 일	버금 중	끼일 개	가운데 중	가운데 앙	미워할 증	미워할 오	줄 증	드릴 정

俊	逸	仲	介	中	央	憎	惡	贈	呈

必須 고교생이 알아야 할 故事成語(고사성어)

- **因果應報(인과응보)** 사람이 짓는 선악의 인업에 응하여 과보가 있음을 뜻한 말.
- **人命在天(인명재천)** 사람의 목숨은 하늘에 달려있다라는 뜻으로 목숨은 사람의 뜻대로 되지 않는다고 이르는 말.

필수 高校九百漢字

TAEILL's Work Book

오늘의 명언

♣ 자기 반성을 엄중히 하고 다른 사람의 실책을 관용으로 다스리면 남의 원망이 멀어진다.

공자 / 유교의 시조

症候	遲延	支援	智慧	震檀
증후：증세. 병으로 앓는 여러 가지 모양. 예 증세증후(症勢症候)	**지연**：시간 따위를 더디게 끌거나 끌리어 나감. 예 협상지연(協商遲延)	**지원**：지지하여 도움. 경제·기술 따위를 원조함. 예 자금지원(資金支援)	**지혜**：① 슬기. ② 미혹을 절멸하고 보리를 성취하는 힘. 예지혜발휘(智慧發揮)	**진단**：「우리 나라」의 이칭.

症	候	遲	延	支	援	智	慧	震	檀
병세 증	날씨 후	더딜 지	끌 연	지탱할 지	도울 원	지혜 지	지혜 혜	진동할 진	박달나무 단

症	候	遲	延	支	援	智	慧	震	檀

必須 고교생이 알아야 할 故事成語(고사성어)

- 仁者樂山(인자요산) 어진 사람은 의리에 만족하여 몸가짐이 신중하고 심덕이 두터워 그 마음이 산과 비슷하므로 자연히 산을 좋아함을 말함.
- 一擧兩得(일거양득) 한 가지 일로 두 가지의 이득을 봄을 말함.

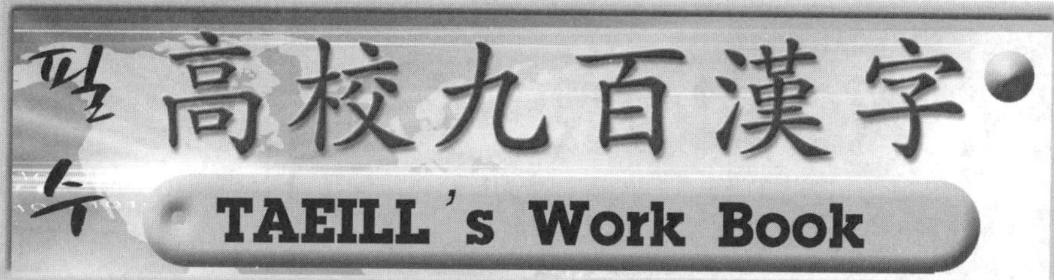

오늘의 명언

♣ 자기 자신을 이겨낼 수 있는 힘을 가진 사람이 가장 강하다.

루시우스 아나에우스 세네카
로마 철학자

陳腐	振肅	陣營	珍珠	鎭魂
진부 : 묵어서 낡음. 낡아서 새롭지 못함. ㉠ 진부사고(陳腐思考)	**진숙** : ① 두려워서 떨며 삼감. ② 쇠한 것을 북돋우고 느즈러진 것을 바짝 단속함.	**진영** : ① 군대가 진을 치고 있는 곳. ② 대립하는 세력의 어느 한쪽. ㉠ 자유진영(自由陣營)	**진주** : 조개류의 체내에서 형성되는 구슬모양의 분비물 덩어리. 우아한 광택이 있어 보배로 여김.	**진혼** : 죽은 사람의 넋을 달래어 고이 잠들게 함. ㉠ 진혼곡(鎭魂曲)

陳	腐	振	肅	陣	營	珍	珠	鎭	魂
벌일 진	썩을 부	떨칠 진	엄숙할 숙	진칠 진	경영할 영	보배 진	구슬 주	진압할 진	넋 혼

陳	腐	振	肅	陣	營	珍	珠	鎭	魂

必須 고교생이 알아야 할 故事成語(고사성어)

- **一網打盡(일망타진)** 한 그물에 모두 다 모아 잡음. 곧 한꺼번에 모조리 체포함을 이르는 말.
- **日薄西山(일박서산)** 해가 서산에 가까와진다는 뜻으로, 늙어서 죽음이 가까와짐을 비유한 말.

오늘의 명언

♣ 자연은 하느님의 묵시이며 예술은 인간의 묵시이다.

헨리 워즈워스 롱펠로
미국 시인

姪女	秩序	懲戒	差額	贊否
질녀 : 조카딸. 자기의 형제 자매의 딸. 예 숙질질녀(叔姪姪女)	**질서** : 사물의 조리. 또는 그 순서. 예 공중질서(公衆秩序)	**징계** : ① 허물을 뉘우치도록 주의를 주고 나무람. ② 부정·부당 행위에 대해 제재를 가함.	**차액** : 어떤 액수에서 다른 액수를 제한 나머지 액수. 차이 나는 액수. 예 차액가감(差額加減)	**찬부** : 찬성과 불찬성. 찬성과 반대. 찬반. 예 의견찬부(意見贊否)

姪	女	秩	序	懲	戒	差	額	贊	否
조카 질	계집 녀	차례 질	차례 서	징계할 징	징계할 계	어긋날 차	이마 액	찬성할 찬	아니 부

姪	女	秩	序	懲	戒	差	額	贊	否

必須 고교생이 알아야 할 故事成語(고사성어)

- **一絲不亂(일사불란)** 한 오라기의 실도 어지럽지 않음. 곧 질서가 정연하여 조금도 헝크러진 데나 어지러움이 없음.
- **一瀉千里(일사천리)** 강물의 물살이 빨라서 한 번 흘러 천리에 다다름. 곧 사물의 진행이 거침없이 빠름을 말함.

오늘의 명언

♣ 자연은 언제나 완전하다. 결코 잘못을 저지르지 않는다. 우리의 입장, 우리의 눈에서 잘못이 범해지는 것이다.

로댕 / 프랑스 조각가

慙愧	慘劇	參酌	倉庫	蒼茫
참괴 : 부끄럽게 여김. 예 참괴참수(慙愧慙羞)	**참극** : ① 비참한 줄거리의 연극. ② 슬프고 참혹한 사건의 비유. 예 참극참상(慘劇慘狀)	**참작** : 이리저리 비교해 보고 알맞게 헤아림. 예 정상참작(情狀參酌)	**창고** : 물품이나 자재를 저장하거나 보관하는 건물. 곳집. 예 자재창고(資材倉庫)	**창망** : 넓고 멀어서 아득함. 예 창망대해(蒼茫大海)

慙	愧	慘	劇	參	酌	倉	庫	蒼	茫
부끄러울 참	부끄러울 괴	슬플 참	심할 극	참여할 참	잔질할 작	창고 창	곳집 고	푸를 창	망망할 망

慙	愧	慘	劇	參	酌	倉	庫	蒼	茫

必須 고교생이 알아야 할 故事成語(고사성어)

- **一言之下(일언지하)** 한 마디로 딱 잘라 말함의 뜻으로 두말할 나위 없음을 이르는 말.
- **一日三秋(일일삼추)** 하루가 삼 년 같다라는 뜻으로, 몹시 지루하거나 기다리는 때의 형용. (동)一刻如三秋(일각여삼추)

오늘의 명언

♣ 자신에 대한 믿음이 우선된다면 타인을 신뢰하는 데 중요한 요소가 된다.

프랑수아 드 라 로슈푸코
프랑스 사상가

創意	菜蔬	冊曆	淺薄	薦拔
창의 : 새로 의견 따위를 생각하여 냄. 또는 그 의견. ⓔ 근면창의(勤勉創意)	**채소** : 밭에서 가꾸는 온갖 푸성귀. ⓔ 채소과실(菜蔬果實)	**책력** : 천체를 관측하여 해와 달의 운행과 절기 따위를 적은 책. ⓔ 천체책력(天體冊曆)	**천박** : 학문이나 생각이 얕거나 언행이 상스러움. ⓔ 식견천박(識見淺薄)	**천발** : 인재 등을 뽑아 추천함. ⓔ 추천발탁(推薦拔擢)

創	意	菜	蔬	冊	曆	淺	薄	薦	拔
비로소 창	뜻 의	나물 채	나물 소	책 책	책력 력	얕을 천	엷을 박	드릴 천	뺄 발

創	意	菜	蔬	冊	曆	淺	薄	薦	拔

必須 고교생이 알아야 할 故事成語(고사성어)

- 一場春夢(일장춘몽) 한바탕의 봄꿈처럼 헛된 영화를 이르는 말.
- 日就月將(일취월장) 나날이 다달이 진전함을 이르는 말.
- 臨機應變(임기응변) 그때그때 일의 형편에 따라서 융통성있게 잘 처리함을 이르는 말.

필수 高校九百漢字
TAEILL's Work Book

오늘의 명언

♣ 저널리즘의 힘은 크다. 세계를 설득할 수 있는 유능한 편집자는 모두 세계의 지배자가 아닐까.

토머스 칼라일
영국 비평가, 역사가

天壤	徹底	哲學	添削	尖塔
천양: 하늘과 땅. 천지(天地). 예 천양지차(天壤之差)	**철저**: 속 깊이 밑바닥까지 투철함. 예 감독철저(監督徹底)	**철학**: 인생·세계의 궁극의 근본 원리를 추구하는 학문. 예 생활철학(生活哲學)	**첨삭**: 시문이나 답안 따위를 보충하거나 삭제하여 고침. 예 내용첨삭(內容添削)	**첨탑**: 지붕 꼭대기 따위의 뾰족한 탑. 예 성당첨탑(聖堂尖塔)

天	壤	徹	底	哲	學	添	削	尖	塔
하늘 천	땅 양	관철할 철	밑 저	밝을 철	배울 학	더할 첨	깎을 삭	뾰족할 첨	탑 탑

天 壤 徹 底 哲 學 添 削 尖 塔

必須 고교생이 알아야 할 故事成語(고사성어)

- **自家撞着(자가당착)** 자기가 한 말이나 행동의 앞 뒤가 모순되는 것을 말함.
- **自然淘汰(자연도태)** 시대 흐름에 따라가지 못하는 것은 저절로 없어지고 만다는 뜻.

필수 高校九百漢字

TAEILL's Work Book

오늘의 명언

♣ 절대적인 진리는 쉽게 붙잡을 수 있는 가까운 곳에 있다. 그것은 타인의 손에 의해서 붙드는 것이 아니고 자기 스스로 붙드는 것이다.

장 폴 사르트르 / 프랑스 작가

滯拂	逮捕	替換	超克	抄本
체불 : 지불할 금액 따위의 지급이 연체됨. 또는 지급을 지체함. ⓔ 체불노임(滯拂勞賃)	**체포** : ① 죄인을 추적하여 잡음. ② 법관이 발부하는 영장에 따라 피의자을 일정기간 억류하는 것.	**체환** : 대신하여 갈아서 바꿈. ⓔ 체환대체(替換代替)	**초극** : 난관을 초월하거나 극복함. ⓔ 난관초극(難關超克)	**초본** : 원본의 일부를 배끼거나 발췌한 문서. ⓔ 호적초본(戶籍抄本)

滯	拂	逮	捕	替	換	超	克	抄	本
막힐 체	떨칠 불	잡을 체	잡을 포	바꿀 체	바꿀 환	넘을 초	이길 극	베낄 초	근본 본

滯	拂	逮	捕	替	換	超	克	抄	本

必須 고교생이 알아야 할 故事成語(고사성어)

- **自中之亂(자중지란)** 자기네 한 동아리 속에서 일어나는 싸움질을 이르는 말.
- **自暴自棄(자포자기)** 절망상태에 빠져서 스스로 자신을 학대하고 돌보지 아니함을 이르는 말.

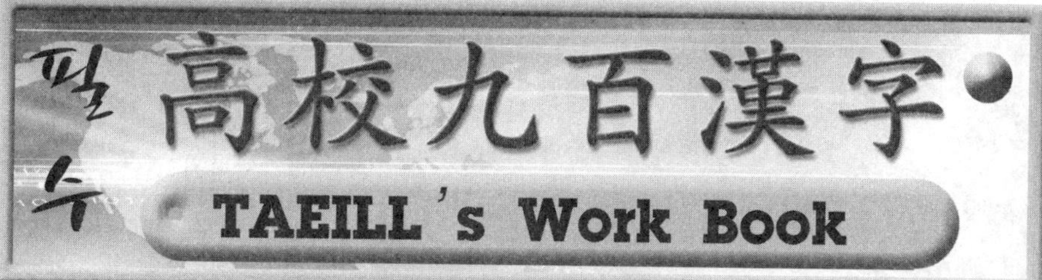

오늘의 명언

♣ 지도자로서 성공하려면 자기 시대에서 너무 많이 앞질러 가면 안된다. 자기를 업고 있는 대중의 눈으로 사물을 보지 않으면 안된다.

래스키 / 영국정치학자

招聘	肖像	秒針	燭淚	聰明
초빙 : 예를 갖추어 불러 정중히 맞아들임. ⓔ 초빙교수(招聘敎授)	**초상** : 사람의 용모·자태를 그린 화상 또는 조상(彫像). ⓔ 인물초상(人物肖像)	**초침** : 시계의 초를 가리키는 바늘. ⓔ 초침분침(秒針分針)	**촉루** : 촛농. 초가 탈때 녹아 흐르는 것. ⓔ 촉루희생(燭淚犧牲)	**총명** : 귀가 밝고 눈이 예민함. 총기가 좋고 명민함. ⓔ 지혜총명(智慧聰明)

招	聘	肖	像	秒	針	燭	淚	聰	明
부를 초	부를 빙	같을 초	형상 상	초침 초	바늘 침	촛불 촉	눈물 루	귀밝을 총	밝을 명

招 聘 肖 像 秒 針 燭 淚 聰 明

必須 고교생이 알아야 할 故事成語(고사성어)

- **作心三日(작심삼일)** 한 번 결심한 것이 사흘을 가지 못한다는 뜻으로 곧 결심이 굳지 못함을 가리키는 말.
- **將計就計(장계취계)** 계략으로써 계략을 취한다. 상대방의 계략을 미리 알아채고 그것을 역이용하는 계략을 말함.

필수 高校九百漢字

TAEILL's Work Book

오늘의 명언

♣ 책은 위대한 천재가 인류에게 남겨주는 유산이며, 그것은 아직 태어나지 않은 자손들에게 주는 선물로서, 한 세대에서 다른 세대로 전달된다. 에디슨

總帥	催促	醜貌	抽象	推尋
총수 : ①전군을 지휘하는 사람. ② 대기업 따위의 조직을 거느리는 인사. 예 재벌총수(財閥總帥)	**최촉** : ① 재촉. 하는 일을 빨리 하도록 재침. ② 받은 것을 달라고 조름. 예 최촉장(催促狀)	**추모** : 보기 흉한 용모. 예 추남용모(醜男容貌)	**추상** : 인식 목표를 위하여 여러 표상이나 개념에서 특성만을 뺀 것을 사고의 대상으로 한 정신작용.	**추심** : 은행이 소지인의 의뢰를 받아 수표 따위를 지급인에게 제시하여 지급하게 함.

總	帥	催	促	醜	貌	抽	象	推	尋
거느릴 총	거느릴 수	재촉할 최	재촉할 촉	추할 추	모양 모	뽑을 추	코끼리 상	밀 추	찾을 심

總 帥 催 促 醜 貌 抽 象 推 尋

必須 고교생이 알아야 할 故事成語(고사성어)

- **電光石火(전광석화)** 번개불과 부싯돌의 불이란 뜻으로 곧 극히 짧은 시간이나 매우 빠른 동작을 말함.
- **轉禍爲福(전화위복)** 화가 바뀌어 복이 됨. 곧 언짢은 일이 계기가 되어 도리어 행운을 맞게 됨을 이르는 말.

오늘의 명언

♣ 처음에는 진실과 조금 밖에 빛나가지 않은 것이라도 후에는 천배나 벌어지게 된다.

아리스토텔레스
그리스 철학자

蓄積	築堤	取捨	趣向	層欄
축적 : 재물 따위를 많이 모으거나 많이 모이는 일. 또는 그것. 예 기술축적(技術蓄積)	**축제** : 돌이나 흙덩이 따위로 방죽 등의 둑을 쌓음. 예 축조제방(築造堤防)	**취사** : 취할 것을 취하고 버릴 것은 버림. 예 취사선택(取捨選擇)	**취향** : 어떤 것을 하고 싶은 마음이 쏠리는 방향. 예 개인취향(個人趣向)	**층란** : 여러 층으로 된 난간. 예 층계난간(層階欄干)

蓄	積	築	堤	取	捨	趣	向	層	欄
저축할 축	쌓을 적	쌓을 축	둑 제	취할 취	버릴 사	취미 취	향할 향	층 층	난간 란
蓄	積	築	堤	取	捨	趣	向	層	欄

必須 고교생이 알아야 할 故事成語(고사성어)

- **頂門一鍼(정문일침)** 정수리에 침을 놓는다는 뜻으로 곧 간절하고 따끔한 충고를 이르는 말.
- **諸行無常(제행무상)** 불교의 근본 사상으로, 우주 만물은 항상 돌고 변하여 잠시도 한 모양으로 머무르지 않음을 말함.

필수 高校九百漢字
TAEILL's Work Book

오늘의 명언

♣ 책임과 권위는 동전의 양면과 같다. 권위가 없는 책임이란 있을 수 없으며 책임이 따르지 않는 권위도 있을 수 없다.

막스 베버

治粧	漆黑	寢具	侵犯	枕屛
치장 : 잘 매만져서 꾸밈. 곱게 모양을 냄. 예 치장자태(治粧姿態)	**칠흑** : 옻칠처럼 검고 광택이 있음. 또는 그 빛깔. 예 칠흑심야(漆黑深夜)	**침구** : 잠자는데 쓰는 물건. 금침. 예 침구정돈(寢具整頓)	**침범** : 남의 영토 · 권리 따위를 침노하여 범함. 예 사생활침범(私生活侵犯)	**침병** : 머릿병풍. 머리맡에 바람이나 찬기운을 막기 위하여 치는 작은 병풍.

治	粧	漆	黑	寢	具	侵	犯	枕	屛
다스릴 치	단장할 장	옻칠할 칠	검을 흑	잠잘 침	갖출 구	범할 침	범할 범	베개 침	병풍 병

必須 고교생이 알아야 할 故事成語(고사성어)

- 朝令暮改(조령모개) 아침에 내린 영을 저녁에 고친다는 뜻으로 곧 법령이나 명령을 자주 뒤바꿈을 이르는 말.
- 朝變夕改(조변석개) 아침 저녁으로 뜯어고침을 이르는 말.
- 朝三暮四(조삼모사) 간사한 꾀로 남을 속이며 희롱함을 이르는 말.

오늘의 명언

♣ 천재는 노력하기 때문에 어떤 일에도 탁월하다. 그러나 천재는 탁월하기 때문에 그 일에 노력하는 것이다.

월리엄 해즐릿 / 영국비평가

浸透	墮落	妥協	卓越	濁操
침투 : ① 스며 젖어서 속속들이 뱀. ② 어떤 곳에 몰래 숨어 들어감. ㉾ 침투작전(浸透作戰)	**타락** : 품행 따위가 나빠져 못된 구렁에 빠짐. ㉾ 타락천사(墮落天使)	**타협** : 두 편이 서로 좋도록 조정하여 협의함. ㉾ 현실타협(現實妥協)	**탁월** : 월등하게 뛰어남. 다른 것보다 아주 뛰어남. ㉾ 탁월선택(卓越選擇)	**탁조** : 깨끗하지 못한 지조. 순결하지 못한 지조. ㉾ 탁의지조(濁意志操)

浸	透	墮	落	妥	協	卓	越	濁	操
적실 침	통할 투	떨어질 타	떨어질 락	타협할 타	도울 협	뛰어날 탁	넘을 월	흐릴 탁	지조 조

浸	透	墮	落	妥	協	卓	越	濁	操

必須 고교생이 알아야 할 故事成語(고사성어)

- **種豆得豆(종두득두)** '콩 심은 데 콩을 거둔다'는 말로 원인에는 그에 따른 결과가 온다는 뜻.
- **坐井觀天(좌정관천)** 우물에 앉아 하늘을 본다는 뜻으로 곧 견문(見聞)이 좁은 것을 가리키는 말.

오늘의 명언

♣ 천재란 하늘이 주는 1%의 영감과 그가 흘리는 99%의 땀으로 이루어진다.

에디슨 / 미국 발명가

歎息	誕辰	彈丸	貪吏	怠慢
탄식 : 한숨을 쉬며 한탄함. 또는 그 한숨. 예 탄식신음(歎息呻吟)	**탄신** : 임금이나 성인이 태어난 날을 높여 이르는 말. 예 성탄탄신(聖誕誕辰)	**탄환** : ① 탄알. ② 총포에 재어서 터트리면 폭발하여 탄알이 튀어 나가게 되는 총이나 포의 탄.	**탐리** : 탐관. 백성의 재물을 탐내어 함부로 빼앗는 부정한 관리. 예 탐관오리(貪官汚吏)	**태만** : 게으르고 느림. 게을러서 자기 일에 열중하지 않음. 예 직무태만(職務怠慢)

歎	息	誕	辰	彈	丸	貪	吏	怠	慢
탄식할 탄	숨쉴 식	태어날 탄	때 신	탄환 탄	알 환	탐낼 탐	관리 리	게으를 태	거만할 만

歎	息	誕	辰	彈	丸	貪	吏	怠	慢

必須 고교생이 알아야 할 故事成語(고사성어)

- **左之右之(좌지우지)** 제 마음대로 하거나 자기 마음 내키는대로 휘두름을 이르는 말.
- **主客顚倒(주객전도)** 사물의 경중(輕重) · 선후(先後), 주인과 객의 차례 따위가 서로 뒤바뀜을 말함.

필수 高校九百漢字

TAEILL's Work Book

오늘의 명언

♣ 청년과 처녀가 만난다. – 이 사실이 없다면 인류는 멸망하고 말았으리라.

H 보우만

殆半	吐露	討賊	退院	特徵
태반 : 거의 절반. (太半 : 절반이 지남. 반수 이상) 예 태반동의(殆半同意)	**토로** : 속마음을 죄다 드러내어 말함. 속마음을 거짓없이 실토함. 예 실토토로(實吐吐露)	**토적** : 도둑을 침. 역적을 토벌함. 도적의 소굴을 쳐 토벌함. 예 토벌도적(討伐盜賊)	**퇴원** : 병으로 입원했던 환자가 병원에서 물러나옴. 예 환자퇴원(患者退院)	**특징** : 다른 것에 비하여 특별하고 보다 눈에 띄는 점. 예 특색특징(特色特徵)

殆	半	吐	露	討	賊	退	院	特	徵
위태할 태	반 반	토할 토	이슬 로	칠 토	도둑 적	물러날 퇴	집 원	특별할 특	부를 징

殆 半 吐 露 討 賊 退 院 特 徵

必須 고교생이 알아야 할 故事成語(고사성어)

- **晝耕夜讀(주경야독)** 낮에는 농사일을 하고 밤에는 글을 읽음. 곧 바쁜 틈을 타서 어렵게 공부함을 이르는 말.
- **走馬加鞭(주마가편)** 달리는 말에 채찍질한다는 말로, 부지런하고 성실한 사람을 더 격려함을 이르는 말.

오늘의 명언

♣ 청춘은 다시 돌아오지 않고 하루에 새벽은 한번 뿐이다. 좋은때에 부지런히 힘쓸지니 세월은 사람을 기다리지 않는다.

도연명 / 중국 진나라 시인

派遣	破鏡	把守	罷宴	播遷
파견 : 어떤 중요 임무를 맡겨 현지에 사람을 보냄. 예 파견근무(派遣勤務)	**파경** : ① 깨어진 거울. ② 부부의 금실이 좋지 않아 이별하게 되는 일. 예 부부파경(夫婦破鏡)	**파수** : 경계하여 지킴. 또는 그 사람. 예 경계파수(警戒把守)	**파연** : 어떤 행사나 잔치를 끝냄. 예 행사파연(行事罷宴)	**파천** : 임금이 도성을 떠나 딴 곳으로 피신함. 예 아관파천(俄館播遷)

派	遣	破	鏡	把	守	罷	宴	播	遷
물갈래 파	보낼 견	깨뜨릴 파	거울 경	잡을 파	지킬 수	파할 파	잔치 연	뿌릴 파	옮길 천

派	遣	破	鏡	把	守	罷	宴	播	遷

必須 고교생이 알아야 할 故事成語(고사성어)

- **走馬看山(주마간산)** 달리는 말 위에서 산천을 구경함. 곧 바쁘고 어수선하여 무슨 일이든지 스치듯 지나쳐서 봄을 말함.
- **竹馬故友(죽마고우)** 어릴 때부터 같이 놀며 자란 고향의 벗을 비유한 말.

오늘의 명언

♣ 측은히 여기는 마음은 인의 시초요, 부끄러운 짓을 미워하는 마음은 의의 시초요, 사양하는 마음은 예의 시초요, 옳고 그름을 분별하는 마음은 지의 시초이다. **맹자**

版局	販賣	編隊	片舟	偏頗
판국 : 사건이 벌어져 있는 장면이나형편.	**판매** : 어떤 상품이나 값어치있는 물건 따위를 팖. 예 할인판매(割引販賣)	**편대** : 비행기 따위가 짝을 지어 대오를 갖추거나 그 편성된 대오. 예대형편대(隊形編隊)	**편주** : 작은 배. 조각배. 대개 통나무나 목재 따위로 작게 만든 배. 예 일엽편주(一葉片舟)	**편파** : 어떤 정오 · 시비 따위에서 한쪽으로 치우쳐 공평하지 못함. 예 편파보도(偏頗報道)

版	局	販	賣	編	隊	片	舟	偏	頗
조각 판	판 국	팔 판	팔 매	엮을 편	떼 대	조각 편	배 주	치우칠 편	치우칠 파

版局販賣編隊片舟偏頗

必須 고교생이 알아야 할 故事成語(고사성어)

- **知彼知己(지피지기)** 적의 내정(內情)과 나의 내정을 소상히 앎을 이르는 말.
- **千慮一得(천려일득)** 바보 같은 사람이라도 많은 생각 속에는 한 가지 쓸만한 것이 있다는 말.

오늘의 명언

♣ 태양은 도덕적이지도 부도덕하지도 않다. 그는 있는 그대로 존재하는 것이다. 그는 어둠을 정복한다. 예술도 그와 마찬가지다.

로맹 롤랑 / 프랑스 작가

弊社	肺臟	飽腹	捕捉	包含
폐사 : 자기 회사를 낮추어 이르는 말. 예 폐사창립(弊社創立)	**폐장** : 고등 척추동물의 호흡 기관인 폐(肺). 허파. 예 폐장호흡(肺臟呼吸)	**포복** : 포식. 배부르게 먹음. 예 음식포복(飮食飽腹)	**포착** : ① 꼭 붙잡음. ② 기회나 정세 따위를 알아차림. 예 기회포착(機會捕捉)	**포함** : 속에 싸여 있음. 또는 함께 넣음. 예 대상포함(對象包含)

弊	社	肺	臟	飽	腹	捕	捉	包	含
폐단 폐	모일 사	허파 폐	오장 장	배부를 포	배 복	잡을 포	잡을 착	쌀 포	머금을 함

弊	社	肺	臟	飽	腹	捕	捉	包	含

必須 고교생이 알아야 할 故事成語(고사성어)

- **天方地軸(천방지축)** ①너무 바빠서 허둥지둥 내닫는 모양. ②분별없이 함부로 덤비는 모양을 이르는 말.
- **天人共怒(천인공노)** 하늘과 땅이 함께 분노한다는 뜻으로, 도저히 용서못함을 비유한 말.

오늘의 명언

♣ 큰 실패를 경험하고서도 그 경험을 현금으로 바꾸지 못하는 자는 낙제생이다.

앨버트 허버드 / 미국의 작가

浦港	漂泊	疲勞	被爆	畢竟
포항 : 포구와 항구. 물가나 바닷가에 배를 대게 부두 따위를 설비한 곳. ⓔ 포구포항(浦口浦港)	**표박** : ① 흘러 떠돎. 표류. ② 일정한 주거나 생업이 없이 떠돌아 다님. ⓔ 표박인생(漂泊人生)	**피로** : 지치거나 고단함. 몸이나 마음 따위가 지침. ⓔ 피로회복(疲勞回復)	**피폭** : ① 폭격을 받음. ② 원자탄 따위의 폭탄으로 폭격을 받음. ⓔ 피폭희생자(被爆犧牲者)	**필경** : 마침내. 결국에는. ⓔ 필경성공(畢竟成功)

浦	港	漂	泊	疲	勞	被	爆	畢	竟
물가 포	항구 항	뜰 표	머무를 박	고달플 피	수고할 로	입을 피	폭발할 폭	마칠 필	마침 경

浦	港	漂	泊	疲	勞	被	爆	畢	竟

必須 고교생이 알아야 할 故事成語(고사성어)

- **千載一遇(천재일우)** 천년에 한 번 만난다는 뜻으로 곧 좀처럼 얻기 어려운 좋은 기회를 말함.
- **天眞爛漫(천진난만)** 꾸밈이나 거짓이 없는 천성 그대로의 순진함을 이르는 말.

필수 高校九百漢字
TAEILL's Work Book

오늘의 명언

♣ 패배를 극복하는 법을 배워야 한다. 그럴때만이 당신의 인격이 향상된다.

닉슨 / 미국 대통령

荷役	鶴首	汗蒸	旱害	割賦
하역 : 배 또는 항공기 따위에서 짐을 실거나 부리는 일. 예 하역작업(荷役作業)	**학수** : 무엇을 애타게 기다린 듯 학처럼 목을 길게 늘어뜨린다는 말. 예 학수고대(鶴首苦待)	**한증** : 불을 때서 뜨겁게 한 한증막에 들어앉아 땀을 내는 일. 예 한증막(汗蒸幕)	**한해** : 가뭄으로 인한 재해. 비가 오지 않아 가물어서 입은 농작물의 피해. 예 한해흉작(旱害凶作)	**할부** : 어떤 물건 따위의 값이나 대가를 여러 번에 나누어 냄. 예 할부판매(割賦販賣)

荷	役	鶴	首	汗	蒸	旱	害	割	賦
멜 하	부릴 역	학 학	머리 수	땀 한	증기 증	가물 한	해칠 해	나눌 할	구실 부

荷	役	鶴	首	汗	蒸	旱	害	割	賦

必須 고교생이 알아야 할 故事成語(고사성어)

- **鐵石肝腸(철석간장)** 매우 굳센 지조를 가리켜 이르는 말. (비) 철심석장(鐵心石腸)
- **青雲萬里(청운만리)** 푸른 구름 일만 리란 뜻으로 곧 원대한 포부나 높은 이상을 이르는 말.

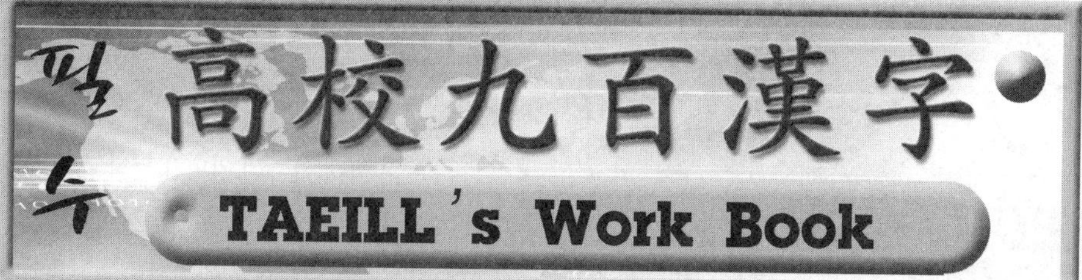

오늘의 명언

♣ 평안하게 자유롭게 살고 싶거든 없어도 살 수 있는 것을 멀리하라.

레프 니콜라예비치 톨스토이 러시아 작가

咸池	抗拒	巷談	項目	該博
함지 : ① 해가 진다고 하는 전설의 서쪽 큰 연못. ② 오곡을 주관하는 별의 이름. ③ 천신(天神).	**항거** : 엄습하여 오는 부당한 일에 순종하지 않고 맞서서 대항함. 예 독재항거(獨裁抗拒)	**항담** : 항설(巷說). 항간에서 여러 사람들의 입에서 입으로 옮겨지는 말. 예 가담항설(街談巷說)	**항목** : 조목(條目). 일을 구성하고 있는 낱낱의 부분이나 갈래. 법률 따위의 낱낱의 조항이나 목.	**해박** : 여러 방면으로 아는 것이 많음. 예 해박지식(該博智識)

咸	池	抗	拒	巷	談	項	目	該	博
다 함	못 지	항거할 항	막을 거	거리 항	말씀 담	목 항	눈 목	해당할 해	넓을 박

必須 고교생이 알아야 할 故事成語(고사성어)

- **初志一貫(초지일관)** 처음 품은 뜻을 한결같이 꿰뚫음을 이르는 말.
- **寸鐵殺人(촌철살인)** 작고 날카로운 쇠붙이로 살인을 한다는 듯으로, 짤막한 경구(警句)하나로 사람의 마음을 찔러 감동시킴을 가리키는 말.

오늘의 명언

♣ 행동의 씨앗을 뿌리면 습관의 열매가 열리고, 습관의 씨앗을 뿌리면 성격의 열매가 열리고, 성격의 씨앗을 뿌리면 운명의 열매가 열린다.

나폴레옹

享年	香爐	軒架	懸隔	玄琴
향년 : 한평생을 살아 누린 나이. 곧 죽은 이의 직전 나이. 예 향년백세(享年百歲)	**향로** : 신전 · 제사 따위에서 향을 피우는 데 자그마한 화로. 예 불당향로(佛堂香爐)	**헌가** : ① 악기의 종과 경 따위를 거는 시렁. ② 높이 겲.	**현격** : 차이가 두드러지게 썩 동떨어짐. 예 현격차이(懸隔差異)	**현금** : 거문고. 대개 오동나무 재질의 널을 속이 비게 짜서 그곳에 여섯줄을 친 현악기.

享	年	香	爐	軒	架	懸	隔	玄	琴
누릴 향	해 년	향기 향	화로 로	추녀끝 헌	시렁 가	매달 현	막힐 격	검을 현	거문고 금

享	年	香	爐	軒	架	懸	隔	玄	琴

必須 고교생이 알아야 할 故事成語(고사성어)

- **七顚八起(칠전팔기)** 일곱 번 넘어지고 여덟 번 일어남. 곧 실패를 무릅쓰고 분투함을 이르는 말.
- **探化蜂蝶(탐화봉접)** 꽃을 찾아 다니는 벌과 나비라는 뜻에서, 여색에 빠지는 것을 가리키는 말.

오늘의 명언

♣ 한 알의 모래에서 하나의 인간 세계를 보고, 한 송이의 들꽃에서 천국을 본다.

윌리엄 블레이크
영국 시인

顯著	嫌疑	脅迫	螢雪	亨通
현저 : 뚜렷이 드러나 분명함. 확연히 구분되어 뚜렷함. 예 변화현저(變化顯著)	**혐의** : ① 꺼려 싫어함. ② 범죄를 저지른 사실이 있으리라는 의심. 예 부정혐의(不正嫌疑)	**협박** : 공포에 빠지게 할 목적으로 해악을 끼칠 공갈을 통고하는 일. 예 협박공갈(脅迫恐喝)	**형설** : 반딧불과 눈빛. (반딧불과 눈빛으로 공부, 성공한 차윤과 손강의 고사에 서 온 말)	**형통** : 온갖 일들이 뜻한 바대로 이루어지거나 뜻대로 됨. 예 만사형통(萬事亨通)

顯	著	嫌	疑	脅	迫	螢	雪	亨	通
나타날 현	나타날 저	의심할 혐	의심할 의	위협할 협	핍박할 박	반딧불 형	눈 설	형통할 형	통할 통

顯	著	嫌	疑	脅	迫	螢	雪	亨	通

必須 고교생이 알아야 할 故事成語(고사성어)

- **泰然自若(태연자약)** 마음에 무슨 충동을 당하여도 듬직하고 자연스러움으로 의연함을 이르는 말.
- **漢江投石(한강투석)** 한강에 돌 던지기라는 뜻으로 곧 애써도 보람 없음을 이르는 말.

오늘의 명언

♣ 행복하게 지내는 사람은 대개 노력가이다. 게으름뱅이가 행복하게 지내는 것을 보았는가. 수확의 기쁨은 흘린 땀에 정비례한다.
윌리엄 블레이크 / 영국시인

豪傑	互相	浩然	胡蝶	昏迷
호걸: 지혜나 용기가 뛰어나고 기개와 풍모가 탁월한 사람. ⓔ 당대호걸(當代豪傑)	**호상**: 상호. 피차 서로. 상호간에. 호상간에. ⓔ 호상이해(互相理解)	**호연**: 넓고 큼. 마음이 넓고 뜻이 아주 큼. ⓔ 호연지기(浩然之氣)	**호접**: 나비. 나비목 나비아목의 곤충의 총칭.	**혼미**: ① 마음이 헷갈리고 흐리멍텅함. ② 정세 따위가 불안정함. ⓔ 혼미상태(昏迷狀態)

豪	傑	互	相	浩	然	胡	蝶	昏	迷
호걸 호	호걸 걸	서로 호	서로 상	넓을 호	그러할 연	오랑캐 호	나비 접	어두울 혼	미혹할 미

豪	傑	互	相	浩	然	胡	蝶	昏	迷

必須 고교생이 알아야 할 故事成語(고사성어)

- **含憤蓄怨(함분축원)** 분함과 원망을 품고 있음을 뜻한 말.
- **咸興差使(함흥차사)** 한번 가기만 하면 깜깜 무소식이란 뜻으로, 심부름꾼이 가서 소식이 아주 없거나 회답이 더디 올 때에 쓰는 말.

오늘의 명언

♣ 화폐는 인간의 노동과 생존의 양도된 본질이다. 이 본질은 인간을 지배하며, 인간은 이것을 숭배한다.

카를 하인리히 마르크스
독일 경제학자

弘報	洪水	鴻雁	紅潮	禾穀
홍보 : 일반에게 널리 알림. 또는 그 보도나 소식. 예 홍보활동(弘報活動)	**홍수** : ① 큰 물. ② 넘쳐흐를 정도로 많음. 사람이나 사물을 비유한 것. 예 유행홍수(流行洪水)	**홍안** : 큰 기러기와 작은 기러기.	**홍조** : ① 아침 햇살에 붉게 보이는 해조(海潮). ② 부끄럽거나 취하여 얼굴이 붉어짐.	**화곡** : 벼 종류의 곡식의 총칭.

弘	報	洪	水	鴻	雁	紅	潮	禾	穀
넓을 홍	갚을 보	클 홍	물 수	기러기 홍	기러기 안	붉을 홍	조수 조	벼 화	곡식 곡
弘	報	洪	水	鴻	雁	紅	潮	禾	穀

必須 고교생이 알아야 할 故事成語(고사성어)

- 螢雪之功(형설지공) 갖은 고생을 하며 학문을 닦은 보람을 말함.
- 狐假虎威(호가호위) 남의 권세에 의지하여 위세를 부림을 비유한 말.
- 糊口之策(호구지책) 가난한 살림으로 겨우 먹고 살아가는 방책을 이르는 말.

오늘의 명언

♣ 훌륭한 삶에는 세가지 요소가 있다. 즉 배우는 일, 돈 버는 일, 무엇인가 하고 싶은 일.

크리스토퍼 달링턴 몰리
미국 작가

和睦	確率	擴充	環境	荒廢
화목 : 서로 뜻이 맞고 정다움. 다정스러우며 화기애애한 분위기. 예 화목가정(和睦家庭)	**확률** : 일정한 조건하에서 어떤 사건이나 일이 일어날 확실성의 정도를 나타내는 수치.	**확충** : 보다 넓혀서 부족한 부분 따위를 충실하게 함. 예 시설확충(施設擴充)	**환경** : 생물에게 직·간접으로 영향을 주는 자연적 조건이나 사회적 상황. 예 환경보호(環境保護)	**황폐** : ① 그냥 버려 두어 거칠고 못 쓰게 됨. ② 정신이나 생활 따위가 거칠어지고 메마름.

和	睦	確	率	擴	充	環	境	荒	廢
화목할 화	화목할 목	확실한 확	비율 률	늘릴 확	채울 충	고리 환	지경 경	거칠 황	폐할 폐

和	睦	確	率	擴	充	環	境	荒	廢

必須 고교생이 알아야 할 故事成語(고사성어)

● 浩然之氣(호연지기) ① 하늘과 땅 사이에 가득 차 있는 넓고 큰 원기(元氣). ② 도의에 뿌리를 박고 공명 정대하여 스스로 돌아보아 조금도 부끄럽지 않은 도덕적 용기를 이르는 말.

오늘의 명언

♣ 희망이란 무엇인가. 갸날픈 풀잎에 맺힌 아침 이슬이거나, 좁디 좁은 위태로운 길목에서 빛나는 거미줄이다.

윌리엄 워즈워스 / 영국 시인

悔悟	懷抱	曉星	效驗	侯爵
회오 : 잘못을 뉘우치고 깨달음. 예 회오회개(悔悟悔改)	**회포** : 마음속에 품은 생각이나 정. 예 추억회포(追憶懷抱)	**효성** : 샛별. 새벽 동쪽 하늘에 반짝이는 금성(金星)등을 이르는 말.	**효험** : 일이나 작용의 보람. 기도나 치료의 보람. 효력. 예 인삼효험(人蔘效驗)	**후작** : 작위를 다섯 등분한 공작·후작·백작·자작·남작의 가운데 둘째 작위.

悔	悟	懷	抱	曉	星	效	驗	侯	爵
뉘우칠 회	깨달을 오	품을 회	안을 포	새벽 효	별 성	본받을 효	시험할 험	제후 후	벼슬 작

悔	悟	懷	抱	曉	星	效	驗	侯	爵

必須 고교생이 알아야 할 故事成語(고사성어)

- **畵中之餠(화중지병)** '그림의 떡'이란 뜻으로 곧 실속 없는 일을 비유하는 말.
- **換骨奪胎(환골탈태)** 딴 사람이 된 듯이 용모가 환하게 트이고 아름다와짐을 말함.

필수 高校九百漢字

TAEILL's Work Book

오늘의 명언

♣ 현명한 사람은 그가 발견하는 것 이상의 많은 기회를 만든다.

베이컨

毁損	揮毫	携帶	戲弄	稀釋
훼손 : ① 체면·명예 등을 손상함. ② 환경·유적 등을 헐거나 못 쓰게 함. 예 자연훼손(自然毁損)	**휘호** : 붓을 휘둘러 글을 쓰거나 그림을 그림. 휘필. 예 신춘휘호(新春揮毫)	**휴대** : 어떤 물건이나 장신구 따위를 손에 들거나 몸에 지님. 예 휴대전화(携帶電話)	**희롱** : 말과 행동으로 남을 실없이 놀리는 짓거리. 예 성희롱죄(姓戲弄罪)	**희석** : 어떤 용액에 물·용매를 가하여 묽게 함. 예 취지희석(趣旨稀釋)

毁	損	揮	毫	携	帶	戲	弄	稀	釋
헐 훼	덜 손	휘두를 휘	터럭 호	이끌 휴	띠 대	희롱할 희	희롱할 롱	드물 희	풀 석

必須 고교생이 알아야 할 故事成語(고사성어)

- **患難相救(환난상구)** 같이 앓는 근심이나 재앙을 서로 구하여 줌을 이르는 말.
- **興盡悲來(흥진비래)** 즐거운 일이 다하면 슬픈 일이 온다는 뜻으로 곧 세상 일은 돌고 돌아 순환됨을 이르는 말.

음 별 색 인

※훈음은 가나다순

권말기

쓰기만이라도 마쳤다면 학습하셨던 분의 의지는 고감도라고 확신합니다. 세계는 만연되어 있는 지식에서 보다는 의외의 것에서 1%의 지식과 99%의 의지로 지배되고 정복됩니다.
앞을 예견하시는 분이라면 시야를 조금만 넓혀 한자에도 열의를 가져 보십시요.
그 마당에는 무궁한 사상들이 깃들어 있을수 있고 예지력 · 어휘력 · 발표력 · 비판력 그리고 성공의 처세술을 찾을 수 있습니다.